Activités Secondaires Mondiales avec l'IA

Gagnez de l'argent en ligne en utilisant des outils d'IA,
sans avoir besoin de coder ni de compétences techniques

Par Joe Correa

Publié par Live Stronger Faster

Première édition

Table des matières

Introduction

L'avenir du travail n'arrive pas — il est déjà là. Partout dans le monde, des personnes quittent discrètement les emplois traditionnels, abandonnent les longs trajets domicile-travail et adoptent une nouvelle vague de revenus : les activités secondaires alimentées par l'intelligence artificielle. Des petites villes aux grandes métropoles mondiales, des individus sans aucune expérience en technologie créent des entreprises en ligne rentables grâce à l'IA.

Nous assistons à une transformation majeure. Ce qui nécessitait autrefois une équipe entière de développeurs, de designers et de spécialistes du marketing peut maintenant être réalisé en quelques clics — grâce à la puissance croissante des outils d'intelligence artificielle.

Des plateformes comme ChatGPT, Midjourney, Copy.ai, OpusClip, ElevenLabs et des centaines d'autres transforment la façon dont les gens écrivent, conçoivent, créent, commercialisent et même enseignent. Et la meilleure nouvelle ? Vous n'avez pas besoin d'être programmeur, expert ou génie de l'informatique pour en tirer profit.

Il suffit de savoir les utiliser de manière créative et stratégique. C'est précisément l'objectif de ce livre.

Pourquoi une activité secondaire ? Pourquoi maintenant ?

Il n'y a jamais eu de meilleur moment pour lancer une activité secondaire. L'inflation augmente, la sécurité de l'emploi devient incertaine et pour beaucoup de personnes, travailler plus dur ne suffit plus. Mais que se passerait-il si travailler plus intelligemment devenait la solution ?

Les activités secondaires alimentées par l'IA :

- Ne nécessitent aucun stock physique
- Peuvent être lancées avec un simple smartphone ou ordinateur portable
- Vous permettent de gagner de l'argent pendant votre temps libre
- Vous permettent de servir des clients partout dans le monde
- Ne nécessitent ni employés, ni bureau, ni investissement important

Et comme la plupart des outils d'IA sont disponibles à l'échelle mondiale, toute personne disposant d'une connexion Internet peut commencer dès aujourd'hui.

Que vous souhaitiez :

- Rédiger du contenu

- Générer des vidéos ou de l'art numérique
- Automatiser des e-mails
- Traduire ou réaliser des voix off pour des scripts
- Ou offrir des services numériques aux entreprises

Il existe une activité secondaire pour vous — et nous allons toutes les explorer.

Ce que vous allez apprendre dans ce livre

Ce livre est conçu pour les débutants, les personnes non techniques et les entrepreneurs en devenir qui veulent des méthodes concrètes pour gagner de l'argent grâce à l'IA.

Vous apprendrez :

- Comment choisir la bonne activité secondaire selon votre temps, vos compétences et vos objectifs
- Les outils d'IA exacts qui sont gratuits ou abordables et disponibles dans le monde entier.
- Comment mettre en place chaque activité secondaire en moins d'une semaine.
- Où trouver vos premiers clients ou générer des revenus passifs.
- Des exemples et des histoires réelles de personnes qui réussissent à travers le monde.
- Des méthodes intelligentes pour automatiser et développer votre activité au fil du temps.

Chaque chapitre est rempli d'idées, de modèles et d'étapes d'action. Vous entendrez également des versions sous forme d'histoires pour vous aider à visualiser comment quelqu'un comme vous a transformé une idée en revenu.

Pas de blabla inutile. Pas de jargon compliqué. Juste des conseils clairs et honnêtes que vous pouvez utiliser dès aujourd'hui.

À qui s'adresse ce livre (et à qui il ne s'adresse pas)

Ce livre s'adresse à :

- Aux étudiants qui veulent un revenu supplémentaire
- Aux mères et pères au foyer avec quelques heures libres par jour
- Aux immigrants et voyageurs qui recherchent un travail indépendant de leur localisation
- Aux salariés de 9h à 17h fatigués et prêts à quitter la course au rat
- Aux retraités cherchant une source de revenu flexible
- Aux créatifs, écrivains, coachs, enseignants et freelances qui veulent gagner plus intelligemment, pas plus difficilement

Ce livre ne s'adresse pas aux personnes qui cherchent à devenir riches instantanément sans effort.

L'IA peut vous donner un effet de levier — mais vous devez quand même passer à l'action. Si vous êtes prêt à écouter, apprendre et appliquer ce qui se trouve dans ce livre, vous pourriez être opérationnel en moins de 48 heures et commencer à gagner de l'argent dès votre première ou deuxième semaine.

Votre chemin vers l'avenir

Voici la vérité : la plupart des gens continueront à regarder l'IA leur passer sous le nez, pensant qu'il est « trop tard » ou « trop compliqué ».

Mais ceux qui gagnent ? Ce sont ceux qui commencent simplement.

Vous n'êtes pas en retard. Vous êtes exactement là où vous devez être — et ce livre vous guidera à chaque étape. Commencez petit, utilisez des outils gratuits, expérimentez et évoluez. Avant longtemps, votre activité secondaire alimentée par l'IA pourrait devenir bien plus qu'un simple revenu supplémentaire. Elle pourrait devenir votre liberté.

Que vous souhaitiez gagner 500 $ par mois ou 5 000 $ par mois, que vous souhaitiez travailler à temps partiel ou construire quelque chose de plus grand — ce livre est votre rampe de lancement.

Commençons votre voyage dans **Activités secondaires mondiales avec l'IA** — et libérons votre potentiel de revenus grâce aux outils du futur, disponibles pour vous dès aujourd'hui.

Chapitre 1 : Introduction aux activités secondaires avec l'IA — Ce qui est possible aujourd'hui

Nous vivons l'un des plus grands changements de productivité humaine de l'histoire moderne — et il ne se produit pas dans une salle de conseil de la Silicon Valley. Il se produit discrètement, dans des maisons, des dortoirs, des cafés et des chambres à travers le monde. L'IA transforme ce qui est possible pour des personnes ordinaires disposant simplement d'un ordinateur portable ou d'un smartphone. Et pour ceux qui savent l'exploiter, une nouvelle source de revenus — ou même une toute nouvelle vie — se trouve à portée d'un simple outil.

L'intelligence artificielle a largement dépassé ses premières étapes. Elle alimente désormais des applications, automatise des tâches, écrit du contenu, génère des graphiques, monte des vidéos, traduit des langues, crée des voix et répond même à des questions commerciales complexes. Ces capacités, autrefois réservées aux développeurs d'élite ou aux géants de la technologie, sont désormais accessibles à tous — même aux débutants complets. Grâce à des interfaces faciles à utiliser et à des modèles prêts à l'emploi, les outils d'IA rendent possible le lancement d'une activité secondaire en ligne légitime sans expérience préalable, sans programmation et sans connaissances techniques.

C'est là qu'entrent en jeu les activités secondaires basées sur l'IA. Une activité secondaire est simplement un moyen de gagner un revenu supplémentaire en dehors de votre emploi principal ou de votre routine — et l'IA permet de la démarrer plus rapidement, plus facilement et à moindre coût que jamais. Vous pouvez créer du contenu pour les réseaux sociaux pour des clients en utilisant des outils comme Canva et ChatGPT. Vous pouvez lancer une chaîne YouTube sans visage grâce à des outils vidéo et vocaux basés sur l'IA. Vous pouvez écrire et vendre des livres numériques en utilisant des générateurs de texte alimentés par l'IA. Vous pouvez même offrir des services de conseil en IA à des petites entreprises de votre communauté qui ne savent pas par où commencer. Chacune de ces activités peut évoluer vers une entreprise à temps plein ou générer un revenu passif significatif.

L'un des plus grands avantages des activités secondaires basées sur l'IA est leur portée mondiale et leur capacité à évoluer. Vous n'avez pas besoin de vivre dans une grande ville ni même de parler parfaitement anglais pour participer. Les outils d'IA prennent en charge plusieurs langues, et beaucoup d'entre eux sont gratuits ou proposent des versions freemium généreuses. Cela signifie qu'une personne au Kenya, au Bangladesh ou au Mexique a autant d'opportunités qu'une personne à New York ou à Londres. Le terrain de jeu n'a jamais été aussi équitable. Et comme ces outils fonctionnent en ligne, vous pouvez gérer votre activité secondaire depuis n'importe où — que ce soit depuis votre salon ou un café sur la plage à Bali.

Un autre avantage clé est la rapidité avec laquelle vous pouvez commencer. Les activités secondaires traditionnelles nécessitent souvent du stock, de l'expédition, des sites web complexes ou une formation spécialisée. Pas avec l'IA. Avec les bons conseils (que ce livre vous fournira), vous pouvez passer de l'idée à l'exécution en quelques jours — parfois même en quelques heures. Supposons que vous souhaitiez offrir des services de rédaction. Vous pouvez utiliser ChatGPT pour générer des articles de blog, du contenu de site web ou des textes de vente. Ensuite, vous pouvez proposer votre service sur Fiverr ou Upwork, créer quelques exemples et commencer à répondre aux offres. Si vous souhaitez créer un cours vidéo, des outils comme Pictory, Synthesia et ElevenLabs peuvent vous aider à écrire le script, produire et narrer les vidéos entièrement avec l'IA.

Mais avant de plonger dans des activités secondaires spécifiques, il est important de comprendre les compétences fondamentales qui vous permettront de réussir, quelle que soit l'activité choisie. Tout d'abord, vous devez vous habituer à explorer de nouveaux outils. Beaucoup de personnes hésitent à essayer l'IA parce qu'elles ont peur de casser quelque chose ou de se perdre. Pourtant, la vérité est que ces outils sont conçus pour être intuitifs. Testez-les, expérimentez et regardez quelques tutoriels — la plupart des plateformes proposent des vidéos gratuites qui expliquent tout en quelques minutes. Deuxièmement, vous devez vous concentrer sur la création de valeur. N'utilisez pas l'IA simplement pour effectuer des tâches répétitives. Utilisez-la pour résoudre des problèmes, faire gagner du temps aux gens ou leur simplifier la vie. C'est ce pour quoi les clients sont prêts à payer.

Il est également utile de traiter votre activité secondaire basée sur l'IA comme une véritable entreprise, même si vous n'y consacrez qu'une ou deux heures par jour. Cela signifie définir des objectifs de revenus clairs, suivre vos progrès et apprendre constamment à vous améliorer. De nombreux entrepreneurs de l'IA ont commencé par faire une seule chose de manière cohérente — rédiger des descriptions de produits, créer des vidéos courtes, construire des sites web simples — puis ont progressivement augmenté leurs revenus en affinant leur niche et en augmentant leurs tarifs au fil du temps.

Enfin, il est important de penser à long terme. L'IA n'est pas simplement une tendance — c'est la base de l'économie du futur. Plus tôt vous apprendrez à travailler avec elle, plus vous protégerez votre revenu à long terme. Imaginez être parmi les premiers à comprendre comment Internet allait transformer les affaires dans les années 1990. C'est exactement là où se trouve l'IA aujourd'hui. Vous n'êtes pas en retard. Vous êtes en avance. Et ce livre est votre raccourci pour prendre de l'avance.

Dans les chapitres à venir, nous allons explorer dix des meilleures activités secondaires mondiales basées sur l'IA que vous pouvez lancer immédiatement. Chacune inclura un plan étape par étape, les meilleurs outils à utiliser, comment trouver des clients ou vendre votre service, et comment évoluer une fois que vous serez prêt. À la fin, vous aurez tout ce dont vous avez besoin pour en choisir une ou plusieurs qui correspondent à vos objectifs et à votre style de vie.

Vous n'avez pas besoin de financement, de diplôme ou d'une équipe. Vous avez simplement besoin d'initiative, de constance et de la volonté d'agir. Donc, si vous vous êtes déjà senti bloqué, épuisé ou incertain quant à la manière de gagner plus d'argent sans sacrifier votre temps ou votre liberté — bienvenue. Vous êtes exactement là où vous devez être. Commençons.

James avait 29 ans et vivait dans un petit appartement de deux chambres à Nairobi, au Kenya. Son emploi à temps plein dans une entreprise locale de logistique payait à peine assez pour couvrir le loyer et la nourriture, et il ne restait presque rien pour autre chose. Il avait des rêves — de grands rêves — voyager, créer une entreprise et aider ses jeunes frères et sœurs à terminer leurs études. Mais comme beaucoup de gens autour de lui, il se sentait coincé. Les chemins traditionnels vers le succès — longues études, capital important, promotions en entreprise — semblaient lents et incertains, nécessitant des ressources qu'il n'avait pas.

Puis un jour, en parcourant YouTube, James est tombé sur une vidéo intitulée « Gagner 1 000 dollars par mois avec des outils d'IA — aucune expérience nécessaire ». Sceptique mais curieux, il a cliqué. La vidéo montrait quelqu'un utilisant ChatGPT pour écrire des articles de blog et automatiser des réponses de service client. Cela semblait trop beau pour être vrai. Mais lorsque James a essayé l'outil lui-même, quelque chose s'est déclenché. Il a tapé : « Écris un article de 500 mots sur comment démarrer une petite entreprise au Kenya. » En quelques secondes, l'IA a produit un texte clair et cohérent. Il en est resté bouche bée.

Cette nuit-là, il a à peine dormi. Il a exploré des outils d'IA jusque tard dans la nuit : générateurs d'images, créateurs de vidéos, clonage de voix, rédacteurs de documents. Tous gratuits. Tous disponibles pour lui immédiatement. Il n'avait pas besoin d'être développeur. Il n'avait même pas besoin d'un ordinateur portable — seulement son téléphone et une connexion Internet. Et pour la première fois depuis longtemps, James s'est senti enthousiaste. Pas dépassé. Pas intimidé. Simplement prêt.

Il a commencé petit. Il a utilisé ChatGPT pour aider à écrire et réécrire des CV pour des amis. Puis il a publié ses services dans des groupes Facebook locaux et sur des plateformes de freelance comme Fiverr. Son premier client lui a payé 15 dollars pour écrire des descriptions de produits pour une boutique de vêtements en ligne. Puis un autre lui a payé 30 dollars pour réécrire le contenu d'un site web. À chaque projet, il améliorait son processus, utilisant l'IA pour travailler plus vite et offrir une meilleure qualité que jamais.

À la fin de son premier mois, il avait gagné 312 dollars – plus d'une semaine de salaire dans son emploi à temps plein. Et il n'avait pas travaillé plus longtemps. En réalité, il consacrait moins de deux heures par jour à son activité secondaire. Encouragé par les résultats, James a réinvesti une partie de cet argent dans des outils comme Grammarly et Canva Pro, qui rendaient son travail encore plus professionnel. Il a commencé à proposer des forfaits de contenu pour les réseaux sociaux, combinant l'écriture de ChatGPT avec les visuels de Canva et programmant des publications pour des clients au Kenya, en Afrique du Sud et même au Royaume-Uni.

Le bouche-à-oreille a commencé à circuler. Les propriétaires de petites entreprises appréciaient sa rapidité et la qualité professionnelle de ses résultats. La plupart ne se souciaient pas qu'il utilise l'IA – ils se souciaient que le travail soit bien fait et livré à temps. En quatre mois, James gagnait régulièrement plus de 1 200 dollars par mois uniquement grâce à son activité secondaire — plus que son emploi principal. Pour la première fois de sa vie, il pouvait payer toutes ses factures, envoyer de l'argent à sa famille et même commencer à épargner.

Ce qui a le plus surpris James n'était pas le revenu — c'était la simplicité. Le plus grand obstacle avait toujours été l'état d'esprit. Une fois qu'il a compris que l'IA pouvait faire 70 % du travail, il lui suffisait de guider les 30 % restants. Il n'avait plus besoin de tout créer à partir de zéro. Il devait simplement diriger le processus, éditer avec intention et fournir des solutions. Il est devenu le pont entre le potentiel de l'IA et les besoins réels des petites entreprises.

Un soir, assis sur le toit de son immeuble, ordinateur portable ouvert, brise légère et tasse de café à la main, James a souri. Il n'était pas riche — pas encore. Mais il était libre. Libre de travailler quand et où il le voulait. Libre d'avoir des clients dans n'importe quel pays. Libre de rêver à nouveau.

Son histoire n'était pas unique. Partout dans le monde, des personnes comme James — étudiants, parents, retraités — découvrent les outils d'IA et lancent de petites sources de revenus évolutives. Ce qui nécessitait autrefois des équipes techniques se fait désormais en quelques clics. Ce qui exigeait autrefois du capital demande maintenant de la curiosité.

James repense souvent à cette vidéo YouTube trouvée par hasard. Elle n'a pas changé sa vie. C'est lui qui l'a changée – en passant à l'action.

Et maintenant, tout comme James, vous vous trouvez au bord de quelque chose de puissant. Les outils sont prêts. L'opportunité est réelle. La seule question est : **allez-vous commencer ?**

Chapitre 2 : Freelancing alimenté par l'IA — Vendre des services sans faire tout le travail

Le freelancing a toujours été un moyen puissant de gagner de l'argent en ligne, mais avec l'essor de l'intelligence artificielle, il est devenu beaucoup plus facile — et plus évolutif. Dans le passé, les freelances devaient posséder la compétence qu'ils vendaient : design graphique, rédaction, montage vidéo, voix off ou marketing. Aujourd'hui, vous pouvez offrir ces services sans être expert dans aucun d'entre eux — car l'IA peut désormais réaliser 70 à 90 % du travail pour vous. Le secret consiste à apprendre comment positionner, présenter et livrer vos services en utilisant les outils d'IA pour effectuer le travail le plus lourd.

Commençons par comprendre comment cela fonctionne. En tant que freelance, votre rôle est de résoudre un problème pour un client. Peut-être qu'il a besoin d'un logo, d'un article de blog, d'une vidéo ou d'une voix off. Au lieu de tout créer manuellement, vous utilisez des outils d'IA pour répondre à ce besoin rapidement et à moindre coût. Par exemple, vous pouvez utiliser ChatGPT pour écrire du contenu marketing ou des articles de blog, Canva ou Looka pour concevoir des logos et des visuels d'entreprise, Pictory ou Opus Clip pour créer du contenu vidéo, et ElevenLabs pour générer des voix off réalistes. Vous ne remplacez pas les compétences humaines – vous accélérez la production en utilisant l'IA comme assistant créatif.

Voici le modèle de base : d'abord, choisissez une catégorie de freelancing dans laquelle l'IA excelle — comme l'écriture, le contenu pour les réseaux sociaux, les descriptions de produits, le marketing par e-mail, les graphiques simples ou les vidéos courtes. Ensuite, créez deux ou trois offres de services qui expliquent clairement ce qui est inclus (par exemple : « 5 descriptions de produits optimisées pour le SEO » ou « 10 visuels Instagram avec légendes »). Puis, utilisez les outils d'IA pour réaliser le travail lorsque les commandes arrivent. La clé est l'efficacité — l'IA vous permet de livrer davantage en moins de temps sans sacrifier la qualité.

Parlons maintenant des plateformes. Si vous débutez, Fiverr est l'un des moyens les plus rapides pour proposer vos services et obtenir de la visibilité. Contrairement à d'autres plateformes de freelancing où vous devez répondre aux offres, Fiverr vous permet de créer un profil et de laisser les clients venir à vous. Configurez votre service avec des titres clairs et orientés vers les bénéfices, comme « Je vais écrire des articles de blog optimisés grâce à l'IA » ou « Je vais créer des publications de réseaux sociaux générées par l'IA ». Assurez-vous que vos images de présentation attirent l'attention et incluez des exemples créés avec l'IA pour montrer la qualité que vous pouvez fournir.

D'autres plateformes intéressantes incluent Upwork, PeoplePerHour, Legiit, ainsi que les groupes Facebook ou la prospection sur LinkedIn. Mais souvenez-vous : le succès ne vient pas du fait d'être présent partout, mais de bien faire une chose et d'accumuler des avis positifs. Si vous livrez rapidement, restez professionnel et communiquez clairement, vous vous démarquerez rapidement. Les clients ne se soucient pas de la manière dont le travail est réalisé — ils veulent simplement qu'il soit bien fait et livré à temps.

Vous pouvez également revendre des services générés par l'IA. Ce modèle s'appelle « l'arbitrage numérique ». Imaginons qu'un client sur Upwork paie 150 dollars pour une vidéo produit. Vous utilisez Pictory ou Synthesia pour générer une vidéo propre avec l'IA pour 10 dollars ou gratuitement, vous l'améliorez, puis vous la livrez. Vous agissez essentiellement comme chef de projet et intermédiaire — reliant la demande aux outils. Cela vous permet d'offrir une large gamme de services sans jamais embaucher une équipe ni apprendre les aspects techniques.

Avec le temps, vous pouvez même transformer cela en micro-agence. Imaginons que vous vous spécialisiez dans la création de contenu IA pour les agents immobiliers. Vous pourriez proposer un forfait mensuel comprenant 10 publications Instagram, 4 articles de blog et 2 vidéos courtes — le tout généré et édité à l'aide de l'IA. Vous pourriez passer seulement quelques heures par mois à tout créer, tout en gagnant des centaines (ou des milliers) de dollars de revenus récurrents. C'est là que la véritable magie du freelancing avec l'IA se produit : l'échelle.

L'une des plus grandes peurs que ressentent les gens est le syndrome de l'imposteur : « Et si je ne suis pas qualifié ? » ou « Et si le client découvre que j'utilise l'IA ? » Mais la vérité est que les clients ne se soucient pas de la manière dont vous produisez le travail — ils se soucient des résultats. En réalité, de nombreuses entreprises s'attendent désormais à ce que les freelances utilisent des outils d'IA. Vous leur faites gagner du temps et de l'argent. Et si votre produit final est de haute qualité, cohérent et abordable, ils continueront à vous engager — souvent sur une base régulière.

Pour réussir dans le freelancing alimenté par l'IA, concentrez-vous sur la rapidité, la clarté et le professionnalisme. Livrez votre travail avant la date prévue. Communiquez rapidement avec vos clients. Donnez plus que prévu lors de vos premières missions afin de construire votre crédibilité. Vous n'avez pas besoin de dizaines de clients — seulement de quelques-uns qui vous font confiance. À partir de là, vous pourrez augmenter vos tarifs, simplifier votre processus de livraison et élargir vos offres.

Dans ce chapitre, nous avons exploré comment vous pouvez lancer une activité de freelancing sans compétences traditionnelles — en utilisant l'IA pour répondre efficacement aux besoins des clients. Vous pouvez offrir des services de rédaction, de montage vidéo, de contenu pour les réseaux sociaux, de voix off, de traduction et bien plus encore. L'opportunité est immense et ne cesse de croître. Dans le prochain chapitre, nous plongerons plus profondément dans la création de contenu avec l'IA — comment écrire, concevoir et distribuer des livres numériques, des modèles et des produits digitaux qui se vendent automatiquement.

Pour l'instant, votre mission est simple : choisissez un service freelance, créez un profil gratuit sur Fiverr ou Upwork et testez-le avec l'IA. N'attendez pas que tout soit parfait — commencez de manière imparfaite, améliorez-vous au fur et à mesure et laissez l'IA devenir votre superpuissance.

Maria vivait à Medellín, en Colombie. Mère célibataire de deux enfants, elle venait de perdre son emploi de réceptionniste lorsque l'hôtel où elle travaillait a fermé pendant une crise économique. Sans diplôme universitaire et avec peu d'économies, ses options semblaient limitées. Elle a essayé de vendre des snacks dans les écoles locales, a proposé des services de garde d'enfants et a même envisagé de laisser ses enfants chez des proches pour chercher du travail à l'étranger. Mais rien n'était stable. Rien ne payait suffisamment. Et le stress augmentait.

Un soir, après que les enfants se soient endormis, Maria est allée sur TikTok pour se détendre. C'est là qu'elle a vu une courte vidéo qui a changé sa vie. Elle montrait quelqu'un utilisant un outil appelé ChatGPT pour écrire des e-mails et être payé pour cela sur Fiverr. La personne dans la vidéo affirmait qu'elle n'était pas écrivain et ne parlait pas parfaitement anglais — mais gagnait tout de même des centaines de dollars par semaine.

Maria était sceptique. Son anglais n'était pas parfait et elle n'avait aucune expérience en rédaction, à part envoyer des messages. Mais quelque chose dans cette vidéo lui a donné de l'espoir. Le lendemain matin, elle a ouvert son ancien ordinateur portable et a tapé « ChatGPT » dans Google. En quelques minutes, elle discutait avec un chatbot. Lorsqu'elle a écrit : « Peux-tu écrire une description de produit pour des bijoux faits main ? », l'IA a immédiatement répondu avec un texte clair et professionnel. Ses yeux se sont agrandis.

Ce jour-là, elle a passé des heures à explorer. Elle a demandé à ChatGPT d'écrire des e-mails, des slogans, des légendes Instagram et des descriptions de produits. À chaque fois, l'outil répondait instantanément. Elle a compris qu'elle n'avait pas besoin d'être rédactrice — elle devait simplement être la directrice du processus. Si elle guidait l'IA, éditait les résultats et livrait un produit final soigné, elle pouvait vendre ce service.

Maria s'est inscrite sur Fiverr. Elle n'a pas trop réfléchi — elle a choisi un titre simple pour son service : « Je vais écrire des descriptions de produits SEO et des légendes pour les réseaux sociaux ». Elle a téléchargé quelques exemples générés avec ChatGPT et ajouté une image colorée pour sa page de service. Pas de logo. Pas de CV. Juste des efforts et de l'optimisme.

Sa première commande est arrivée deux jours plus tard : un vendeur de bijoux au Canada voulait dix descriptions de produits. Elle a paniqué un instant — puis a ouvert ChatGPT, entré les noms des articles et commencé à affiner les résultats. Deux heures plus tard, elle a livré la commande. Le client était ravi. Il lui a laissé un avis cinq étoiles et un pourboire.

Ces premiers 25 dollars lui ont semblé être un million. Ce n'était pas seulement de l'argent — c'était une preuve. La preuve que quelqu'un, quelque part, valorisait ce qu'elle pouvait offrir.

Peu après, Maria a élargi ses services. Elle a ajouté de nouvelles offres : rédaction d'articles de blog, création de contenu Instagram et même rédaction d'e-mails de remerciement pour des petites entreprises. Elle a appris à utiliser Canva pour créer rapidement des graphiques et Grammarly pour améliorer son écriture. Les clients venaient de partout — des États-Unis, d'Australie, du Royaume-Uni et même de son propre pays. Certains lui proposaient même du travail récurrent chaque semaine.

En trois mois, Maria gagnait plus de 600 dollars par mois. Cela peut ne pas sembler énorme à New York, mais à Medellín, cela couvrait le loyer, la nourriture et les fournitures scolaires — avec encore un peu d'argent restant. Plus important encore, elle n'avait pas besoin de quitter ses enfants. Elle travaillait depuis chez elle, le matin avant l'école et tard le soir après leur coucher.

Au sixième mois, elle a créé des offres groupées. Pour 150 dollars, elle écrivait 10 légendes pour les réseaux sociaux, concevait les publications dans Canva et les programmait avec Buffer. Tout cela avec l'aide de l'IA. Elle ne le cachait pas. Elle expliquait fièrement qu'elle utilisait des outils d'IA pour travailler plus vite et offrir un meilleur service. Les clients appréciaient cette transparence — et encore plus les résultats.

Maria était devenue bien plus qu'une freelance. Elle était devenue une entrepreneure. Une résolveuse de problèmes. Une personne capable de subvenir aux besoins de sa famille. Et rien de tout cela ne serait arrivé si elle avait attendu de parler parfaitement anglais, d'avoir un diplôme prestigieux ou d'attendre le « bon moment ».

Elle dit souvent aux autres mères de sa communauté la même chose : « Vous n'avez pas besoin d'être la meilleure – vous devez simplement commencer. »

L'IA ne l'a pas remplacée. Elle l'a amplifiée. Elle lui a donné de nouveaux outils pour aider des personnes dans le monde entier. Et elle a donné à ses enfants une nouvelle version de leur mère : présente, confiante et enfin maître de sa vie.

Chapitre 3 : Vendre des produits numériques générés par l'IA sur Etsy, Gumroad et d'autres plateformes

Ils ne nécessitent aucun stock, aucune expédition, aucun entrepôt — et surtout, ils peuvent être créés une seule fois et vendus à répétition, ce qui les rend idéaux pour générer des revenus passifs. Grâce à l'intelligence artificielle, vous n'avez plus besoin d'être designer, écrivain ou programmeur pour créer des produits numériques de haute qualité. Dans ce chapitre, nous allons explorer comment utiliser l'IA pour créer et vendre des produits numériques sur des plateformes comme Etsy, Gumroad, Payhip et d'autres — même si vous commencez sans expérience et sans budget.

Un produit numérique est tout élément téléchargeable ou accessible en ligne qui apporte de la valeur à quelqu'un. Cela peut inclure des ebooks, des guides, des listes de contrôle, des modèles, des planificateurs, des journaux, des cours, des imprimables, des livres de coloriage, des feuilles de calcul et même de l'art numérique. La beauté des produits numériques est qu'ils ne coûtent rien à reproduire — vos marges bénéficiaires peuvent approcher les 100 %. Une fois votre produit créé et mis en ligne sur une plateforme de vente, il peut être vendu encore et encore sans que vous ayez à intervenir.

Les outils d'IA rendent ce processus incroyablement simple. Par exemple, vous pouvez utiliser ChatGPT pour écrire des ebooks, des planificateurs ou des guides d'entreprise. Vous souhaitez créer un plan de repas de 30 jours ? Demandez à ChatGPT de générer une liste de repas, des listes de courses et des conseils. Vous voulez créer un suivi des finances personnelles ? Utilisez Google Sheets avec l'aide de ChatGPT pour construire et formater votre tableau. Ensuite, améliorez le design avec Canva, en utilisant des modèles glisser-déposer pour donner à vos produits une apparence professionnelle.

Pour les produits visuels ou imprimables — comme des affiches murales, des cartes d'affirmation ou des planificateurs de mariage — des outils comme Canva, Midjourney et DALL·E peuvent générer des images et des mises en page selon vos instructions. Il suffit de décrire ce que vous voulez, d'ajuster les résultats, puis d'organiser le tout dans un format PDF, PNG ou JPG. Vous pouvez créer un produit complet en un après-midi, le télécharger sur une plateforme et commencer à vendre en moins de 24 heures.

Une fois votre produit créé, l'étape suivante est la distribution. Etsy est une immense place de marché pour les imprimables, les journaux et les modèles. Il est gratuit d'ouvrir une boutique, et chaque fiche produit coûte seulement 0,20 $. Vous n'avez rien à imprimer — les clients téléchargent vos fichiers après l'achat. Assurez-vous simplement d'ajouter un titre clair pour votre produit, des images de présentation attrayantes (que vous pouvez créer dans Canva ou Placeit) et une description axée sur les bénéfices. Le référencement est important ici – utilisez des mots-clés comme « planificateur de budget pour mamans », « checklist de mariage » ou « cartes d'affirmation contre l'anxiété » pour apparaître dans les recherches Etsy.

Si vous souhaitez plus de contrôle et moins de frais, vous pouvez utiliser Gumroad ou Payhip. Ces plateformes vous permettent de vendre directement à votre audience via un simple lien – parfait pour les créateurs sur YouTube, TikTok ou Instagram. Vous pouvez intégrer des boutons d'achat sur votre blog, lancer des campagnes e-mail ou collaborer avec des affiliés pour promouvoir votre produit en échange d'une commission. Gumroad propose également des analyses intégrées, des codes de réduction et la collecte d'e-mails clients – ce qui en fait une excellente option pour développer vos ventes.

Quels types de produits se vendent bien ? Regardez les tendances. Visitez Etsy ou Gumroad et explorez les catégories les plus populaires. Vous trouverez souvent :

Planificateurs de mariage
Suivis de budget
Journaux numériques

Suivis d'habitudes quotidiennes

Livres d'activités pour enfants

Calendriers de contenu pour les réseaux sociaux

Modèles de CV

Planificateurs d'idées d'entreprise

Imprimables de fitness ou de nutrition

Ces produits sont souvent créés dans Canva, rédigés avec l'aide de l'IA et exportés comme téléchargements numériques. Vous n'avez pas besoin de réinventer la roue — il suffit de répondre à une demande existante de manière plus claire, plus simple ou plus spécifique.

Le prix est important. Commencez avec des prix accessibles — entre 5 et 15 dollars pour les imprimables ou les modèles. À mesure que votre boutique se développe et que vous construisez une réputation, vous pourrez proposer des bundles et des kits numériques plus chers. Certains vendeurs gagnent entre 1 000 et 10 000 dollars par mois avec moins de 20 produits, simplement parce que leurs fiches sont optimisées pour le référencement, visuellement attrayantes et répondent à un vrai besoin.

L'une des plus grandes opportunités consiste à regrouper plusieurs contenus générés par l'IA dans des bundles ou des bibliothèques thématiques. Par exemple, au lieu de vendre un seul planificateur de budget, créez un « Kit de démarrage pour la liberté financière » comprenant trois planificateurs, deux checklists et un mini guide. Avec l'IA, cela ne prend que quelques heures supplémentaires — et vous permet de vendre beaucoup plus cher.

La constance est la clé. Au lieu de lancer un seul produit et d'espérer un succès immédiat, engagez-vous à publier un nouveau produit chaque semaine pendant un mois. Optimisez vos fiches, collectez des avis et testez différents prix. Apprenez de ce qui se vend. Vous construirez rapidement une boutique capable de générer des revenus même pendant votre sommeil.

Dans le prochain chapitre, nous verrons comment utiliser ces mêmes compétences pour lancer et automatiser une activité d'édition de livres numériques alimentée par l'IA — y compris des audiobooks. Mais pour l'instant, commencez avec une seule idée de produit numérique. Utilisez l'IA pour rédiger, concevoir et exporter votre produit. Créez votre boutique Etsy, Gumroad ou Payhip. Puis publiez-le. Votre première vente pourrait être à quelques clics seulement.

Parlons maintenant de Leila. Leila était professeure dans un collège aux Philippines. Passionnée par l'éducation et connue pour ses fiches pédagogiques parfaitement organisées, elle aimait ses élèves — mais les longues heures de travail et le faible salaire l'épuisaient. Lorsque la pandémie a frappé, ses revenus ont chuté brutalement et elle a commencé à chercher des moyens de les compléter. Une amie lui a parlé de la possibilité de « vendre des imprimables sur Etsy », mais Leila a immédiatement rejeté l'idée. Elle n'était pas designer, ne connaissait rien au commerce en ligne et ne savait pas par où commencer.

Mais un soir, en parcourant un groupe Facebook pour enseignants, elle a vu une publication qui a changé sa perspective. Une femme au Brésil avait gagné plus de 1 000 dollars en un mois en vendant des planificateurs numériques créés avec l'aide de l'IA et de Canva. Elle expliquait comment elle avait utilisé ChatGPT pour rédiger le contenu et Canva pour concevoir la mise en page — aucune technologie avancée, seulement des outils simples et un peu de créativité. Leila a été intriguée.

Elle s'est donné une semaine pour essayer.

Elle a ouvert ChatGPT et a écrit : « Donne-moi 30 questions de journal pour aider les adolescents à gérer le stress. » En quelques secondes, la liste est apparue. Puis elle a demandé : « Crée un planificateur de gratitude simple sur quatre semaines avec des citations motivantes. » Un autre résultat instantané. Elle a copié le texte dans Canva en utilisant l'un des modèles gratuits de planificateurs, ajouté quelques couleurs, intégré des icônes gratuites de la bibliothèque Canva et exporté le fichier en PDF.

Elle a mis en ligne son « Journal de bien-être mental pour adolescents » sur Etsy pour 5 dollars. Cela ne lui avait rien coûté à produire. Elle a utilisé Canva pour créer des images de présentation — une couverture de carnet numérique, un aperçu des pages intérieures — et a écrit une courte description avec des mots-clés comme journal pour anxiété chez les adolescents et imprimable de santé mentale. Sa première vente est arrivée cinq jours plus tard. Puis deux autres la semaine suivante. Une cliente a laissé un commentaire enthousiaste, disant que sa fille avait commencé à écrire dans son journal chaque soir.

Encouragée, Leila a créé d'autres produits. Un suivi de budget pour étudiants. Un modèle de tableau de vision numérique. Un planificateur scolaire imprimable. Chacun lui prenait moins d'une journée à créer grâce à ChatGPT pour le contenu et Canva pour la mise en page. Elle les a tous mis en ligne sur Etsy, puis également sur Gumroad et les a partagés sur Pinterest. Lentement mais sûrement, sa boutique a commencé à se développer.

À la fin de son deuxième mois, elle avait 12 produits et avait gagné 385 dollars en ventes numériques. Le véritable tournant est arrivé lorsqu'elle a créé un bundle : « Le kit ultime de développement pour adolescents », qui regroupait cinq de ses planificateurs en un seul téléchargement. Il était vendu 14,99 dollars — et est devenu son produit le plus populaire. Les parents l'adoraient. Les enseignants l'achetaient pour des classes entières. Leila a même reçu un e-mail d'un conseiller scolaire lui demandant de créer une version personnalisée pour leurs élèves.

Leila ne se voyait plus comme « seulement une enseignante ». Elle était devenue une créatrice numérique. Ses produits aidaient des gens — non seulement aux Philippines, mais partout dans le monde. Et ils continuaient à se vendre pendant qu'elle dormait, préparait le dîner ou jouait avec sa nièce. Le fait de gagner de l'argent de manière passive a transformé sa vision du temps, du travail et de la liberté.

Finalement, Leila a utilisé ses revenus pour passer à un poste d'enseignante à temps partiel au lieu d'un poste à temps plein, ce qui lui a donné plus de temps pour développer sa boutique. Elle a créé des gammes de produits thématiques, proposé des journaux personnalisés et expérimenté des autocollants numériques et des pages de coloriage. Sa confiance grandissait avec chaque téléchargement.

Ce qu'elle préférait ? Elle n'avait pas besoin d'être experte en technologie. L'IA et Canva étaient devenus ses partenaires silencieux. Ils l'aidaient à créer plus vite et plus efficacement qu'elle n'aurait jamais pu le faire seule.

Leila repense souvent à ce premier planificateur qu'elle a mis en ligne les mains tremblantes.

« Il n'avait pas besoin d'être parfait », dit-elle. « Il avait simplement besoin d'exister. »

Et c'est la leçon pour toute personne qui commence. Votre premier produit ne sera pas votre meilleur — mais il pourrait bien être votre véritable point de départ.

Chapitre 4 : Créer des eBooks et des livres audio générés par l'IA pour un revenu passif

Les ebooks et les livres audio sont aujourd'hui parmi les formes les plus puissantes de biens numériques dans l'économie en ligne. Une fois créés, ils peuvent générer des revenus passifs pendant des années — sans expédition, sans stock et sans service client. Et désormais, grâce à l'intelligence artificielle, n'importe qui peut devenir auteur publié ou créateur de livres audio, même sans expérience en écriture, sans éditeur et sans formation en narration. Dans ce chapitre, nous allons voir comment utiliser l'IA pour écrire, mettre en forme, publier et même narrer des ebooks et des livres audio, directement depuis chez vous.

Commençons par les ebooks. Dans le passé, écrire un livre pouvait prendre des mois — voire des années. Aujourd'hui, avec l'aide de ChatGPT, vous pouvez générer du contenu de haute qualité rapidement et l'organiser en chapitres. La clé est de commencer avec un sujet ou un public spécifique. Par exemple, au lieu d'écrire « Comment créer une entreprise », vous pourriez écrire « Comment créer une entreprise de rédaction freelance en 30 jours ». Plus votre sujet est précis, plus il a de chances de se démarquer et d'attirer des acheteurs.

Une fois votre sujet choisi, utilisez ChatGPT pour créer le plan du livre. Demandez-lui de générer une structure chapitre par chapitre, puis développez chaque chapitre avec des exemples, des étapes concrètes et des explications. Modifiez ensuite le contenu si nécessaire pour ajouter des touches personnelles ou une pertinence locale. Vous pouvez également demander à ChatGPT de réécrire dans un ton spécifique — décontracté, professionnel, humoristique ou inspirant. Cela donnera de la personnalité à votre livre et aidera à créer une connexion avec les lecteurs.

Une fois votre contenu prêt, mettez-le en forme dans Google Docs ou Microsoft Word, puis exportez-le en PDF. Pour publier sur Amazon Kindle, vous utiliserez KDP (Kindle Direct Publishing) — une plateforme gratuite qui vous permet de télécharger votre ebook, de fixer votre prix et d'atteindre des lecteurs dans le monde entier. Vous aurez besoin d'une couverture (que vous pouvez créer dans Canva) et d'une description de livre contenant des mots-clés pertinents. Votre livre sera généralement disponible sur Amazon en moins de 72 heures, et vous commencerez à gagner des royalties chaque fois que quelqu'un achète ou télécharge votre livre.

Mais le véritable changement vient lorsque vous transformez votre ebook en livre audio. Les livres audio représentent aujourd'hui le segment qui connaît la croissance la plus rapide dans l'édition. Beaucoup de personnes préfèrent écouter pendant leurs déplacements, leurs séances de sport ou pendant qu'elles effectuent d'autres tâches. Et grâce à des outils d'IA comme ElevenLabs, vous pouvez créer des narrations vocales réalistes à partir du contenu de votre ebook — sans studio d'enregistrement.

Pour créer un livre audio narré par l'IA, copiez le contenu de votre ebook chapitre par chapitre dans ElevenLabs ou un outil similaire, choisissez une voix (il existe de nombreuses options, masculines ou féminines, avec différents accents), puis exportez la narration en format MP3. Pour un rendu plus professionnel, utilisez Audacity (un logiciel gratuit d'édition audio) afin de supprimer les silences inutiles, ajuster le rythme et ajouter une musique d'introduction et de conclusion. Vous avez alors un livre audio complet.

Vous pouvez vendre votre livre audio sur Findaway Voices, qui distribue vers des plateformes comme Audible, Spotify, Apple Books et bien d'autres. Une autre option consiste à utiliser Gumroad ou Payhip et vendre directement à votre audience via un lien de téléchargement. Si vous avez déjà une audience sur YouTube ou Instagram, cette approche vous permet de conserver une plus grande part des bénéfices tout en créant une relation directe avec vos auditeurs.

De quoi devrait parler votre ebook ? Concentrez-vous sur la résolution d'un problème. Par exemple :

« Réparer ses finances en 30 jours : comment sortir des dettes rapidement »
« Planification des repas pour les mamans occupées »
« Comment démarrer une carrière freelance sans expérience »
« Le guide de l'introverti pour vendre en ligne »
« Exercices à la maison pour seniors : une routine quotidienne de 15 minutes »

Utilisez des outils comme ChatGPT, BookBolt ou les listes des meilleures ventes Kindle d'Amazon pour analyser ce qui se vend déjà — puis créez votre propre angle unique.

Le prix dépend de votre marché. Les ebooks sur Amazon se vendent généralement entre 2,99 et 9,99 dollars. Les livres audio peuvent se vendre entre 7 et 25 dollars ou plus. Lorsque vous combinez les deux, vous pouvez créer des packs de valeur — par exemple un ebook PDF, un livre audio et une checklist bonus — qui peuvent être vendus à un prix plus élevé.

La constance et le volume sont vos meilleurs alliés. De nombreux auteurs à succès publient plusieurs livres courts (30 à 80 pages) dans différentes niches. Grâce à l'IA, vous pouvez écrire et publier un nouvel ebook toutes les une à deux semaines. Avec le temps, un catalogue de 10 à 20 livres peut générer des centaines voire des milliers de dollars par mois, même sans publicité.

Pour résumer : l'IA rend l'écriture et la narration de livres plus accessibles que jamais. Avec les bons outils, un sujet clair et une stratégie de publication, vous pouvez créer une source de revenus qui se développe avec le temps. Dans le prochain chapitre, nous verrons comment utiliser l'IA pour créer et développer des chaînes YouTube sans visage capables de générer des revenus sans jamais apparaître devant la caméra. Mais pour l'instant, choisissez votre sujet, créez votre plan avec l'IA et faites votre premier pas pour devenir auteur publié — sans aucun gardien d'accès.

D'agent de sécurité à entrepreneur secondaire.

Omar travaillait comme agent de sécurité de nuit au Maroc. Son travail était calme, routinier et suffisait à peine à couvrir les dépenses de base — le loyer, la nourriture et un peu d'aide pour ses parents. Mais pendant ses longues nuits de travail silencieuses, il passait souvent son temps à rêver. Il avait toujours aimé les livres, surtout ceux sur le développement personnel et la finance. Il rêvait d'en écrire un lui-même, mais chaque fois qu'il essayait de commencer, il se sentait dépassé. L'anglais n'était pas sa langue maternelle. Il ne savait pas par où commencer. Et l'idée de publier un livre lui semblait impossible.

Un soir pendant son service, il est tombé sur un article de blog expliquant comment utiliser ChatGPT pour écrire des ebooks. L'auteur affirmait avoir publié cinq livres en 30 jours et gagner plus de 1 500 dollars par mois en royalties. Cela semblait incroyable. Mais la curiosité l'a emporté et Omar a décidé d'essayer.

Il a ouvert ChatGPT sur son téléphone et a écrit : « Donne-moi un plan pour un court ebook intitulé "Comment économiser ses premiers 1 000 dollars." » Instantanément, l'IA lui a proposé une structure en dix chapitres avec des conseils pratiques. Il a ensuite demandé de développer le chapitre 1. Puis le chapitre 2. En trente minutes, il avait déjà près de 2 000 mots — clairs, structurés et bien meilleurs que tout ce qu'il avait écrit auparavant.

Le lendemain soir, il a retravaillé le contenu, ajouté quelques exemples personnels tirés de sa propre expérience d'épargne et mis en forme les chapitres dans Google Docs. Il a passé plusieurs heures sur Canva à concevoir une couverture simple : une tirelire, une police claire et un schéma de couleurs bleu et blanc. Ce n'était pas parfait, mais cela paraissait professionnel.

Il a créé un compte Amazon KDP, téléchargé le fichier et cliqué sur « Publier ».

Trois jours plus tard, son livre est apparu sur Amazon.

Omar n'en revenait pas. Un livre avec son nom. Disponible. Public. En vente. Il a partagé le lien avec ses amis, l'a publié dans quelques groupes Facebook dédiés à la finance et a attendu. Une semaine plus tard, il a reçu un e-mail : « Vous avez gagné 2,09 dollars de royalties. » Quelqu'un avait acheté son ebook.

Il avait l'impression d'avoir gagné à la loterie. Pas à cause de l'argent — mais parce que cela prouvait que le système fonctionnait.

Il en a publié un autre. Puis un autre. Il a créé une petite série sur le budget, les activités secondaires et l'investissement pour débutants — tous écrits avec l'aide de ChatGPT, chacun mis en forme dans Canva, et chaque nouveau livre un peu meilleur que le précédent. Il les vendait 4,99 dollars chacun et en publiait un tous les dix jours. Les ventes passives ont commencé à apparaître progressivement.

Puis une grande idée lui est venue.

Et s'il transformait ces ebooks en livres audio ?

Il a découvert un outil appelé ElevenLabs qui permettait de coller du texte et de le transformer en narration réaliste. Il a choisi une voix masculine confiante avec un accent neutre et a commencé à convertir ses livres chapitre par chapitre. En utilisant une application gratuite appelée Audacity, il a nettoyé l'audio, ajouté une introduction et une conclusion avec une musique douce, puis exporté le tout au format MP3.

Il a téléchargé son premier livre audio sur Findaway Voices et choisi une distribution vers Spotify, Audible et Apple Books. Quelques semaines plus tard, il a reçu un autre e-mail : « Votre livre audio a généré 17,54 dollars de revenus. »

Ce n'était pas une fortune — mais c'était la preuve que le concept fonctionnait. Il avait créé quelque chose qui gagnait de l'argent pendant qu'il dormait, marchait vers son travail ou restait assis tranquillement à son poste de sécurité. Son travail n'avait pas changé — mais son avenir, lui, oui.

Omar s'est maintenant fixé un objectif : publier un ebook et un livre audio toutes les deux semaines. Il possède déjà plus d'une douzaine de titres. Certains se vendent une ou deux fois par mois. D'autres rapportent plus de 100 dollars par mois de manière régulière. Ensemble, ils génèrent plus de 600 dollars par mois — l'équivalent de son salaire. Et ce chiffre continue de croître.

Ce qu'il préfère le plus n'est pas l'argent. C'est la liberté. Il ne cherche pas des clients, ne travaille pas d'heures supplémentaires et ne gère pas de retours. Ses livres aident les gens. Ils résolvent des problèmes. Et ils existent parce qu'Omar a cessé d'attendre et a commencé à créer — avec l'aide de l'IA.

Il dit souvent à ses amis : « Vous n'avez pas besoin d'être écrivain. Vous avez simplement besoin d'une histoire, d'une compétence ou d'une leçon à partager. L'IA peut vous aider pour le reste. »

Et maintenant, grâce à un chatbot gratuit, un compte Canva et un poste de nuit tranquille, Omar est devenu auteur. Éditeur. Et un homme qui construit sa richesse — une page numérique à la fois.

Chapitre 5 : Créer des chaînes YouTube sans visage avec des outils d'IA

YouTube est devenu l'une des plateformes les plus rentables au monde, avec des millions de créateurs gagnant de l'argent grâce aux revenus publicitaires, aux commissions d'affiliation, aux partenariats sponsorisés et à la vente de produits. Mais voici la nouveauté : vous n'avez plus besoin d'apparaître à la caméra, d'enregistrer votre voix ou même de monter les vidéos vous-même pour créer une chaîne YouTube réussie. Grâce à la puissance de l'intelligence artificielle, vous pouvez lancer une chaîne YouTube sans visage et automatisée et la transformer en une source de revenus évolutive — même si vous n'avez jamais créé de vidéo auparavant.

Le modèle « YouTube sans visage » signifie exactement cela : vous ne montrez jamais votre visage. Vous créez du contenu en utilisant des outils d'IA pour générer les scripts, les voix, les images et le montage. Ces chaînes prospèrent dans des niches comme la motivation, la finance, la technologie, l'histoire, les voyages, les relations et la productivité. Les spectateurs regardent pour la valeur du contenu, pas pour le visage du créateur. Et c'est là votre opportunité.

Voici comment fonctionne ce modèle étape par étape.

Tout d'abord, choisissez une niche. Il doit s'agir d'un sujet qui vous intéresse ou qui possède une demande prouvée. Parmi les niches faciles pour débuter, on trouve : « conseils pour économiser de l'argent », « motivation quotidienne », « actualités sur l'IA », « résumés de livres » ou « astuces de productivité ». Utilisez la recherche YouTube pour valider votre idée : tapez des sujets potentiels et observez combien de vues obtiennent les vidéos les plus populaires. Cherchez des chaînes qui ont beaucoup de vues mais aucune présence personnelle ou visage à l'écran. C'est votre feu vert.

Ensuite, utilisez ChatGPT ou Claude AI pour écrire vos scripts vidéo. Demandez-leur de créer un script de 1 à 3 minutes basé sur votre sujet. Par exemple : « Écris un script de 90 secondes sur les habitudes des personnes riches. » Vous pouvez demander un ton spécifique — éducatif, humoristique, dramatique — et apporter des modifications pour correspondre à votre style ou à vos valeurs. Vous obtenez ainsi votre script en quelques secondes.

Pour transformer ce script en audio, utilisez ElevenLabs ou Play.ht. Ces outils convertissent du texte en voix réalistes et naturelles avec différents accents, genres et tonalités. Choisissez une voix qui correspond au style de votre contenu. Exportez le fichier audio et vous avez déjà parcouru la moitié du chemin.

Pour la vidéo, vous avez plusieurs options. La plus simple consiste à utiliser Pictory, InVideo ou Opus Clip. Ces outils vidéo basés sur l'IA prennent votre script ou votre narration et génèrent automatiquement des visuels. Ils utilisent des clips vidéo libres de droits, ajoutent des sous-titres et synchronisent même la voix avec les images. Vous pouvez personnaliser l'apparence, ajouter des transitions, de la musique et votre branding — le tout avec un système simple de glisser-déposer. Beaucoup de ces outils proposent des essais gratuits ou des abonnements peu coûteux, ce qui les rend parfaits pour les débutants.

Une fois votre vidéo prête, téléchargez-la sur YouTube. Utilisez TubeBuddy ou vidIQ pour optimiser votre titre, votre description, vos mots-clés et votre miniature — tous ces éléments influencent la visibilité de votre vidéo. Vous pouvez créer des miniatures accrocheuses avec Canva, en utilisant du texte audacieux et des images adaptées à votre niche. Gardez un style cohérent afin que votre audience reconnaisse facilement votre chaîne.

Parlons maintenant de la monétisation. YouTube vous paie via le Programme Partenaire YouTube, qui exige 1 000 abonnés et 4 000 heures de visionnage pour être éligible. Mais vous n'avez pas besoin d'attendre la monétisation pour gagner de l'argent. Vous pouvez également générer des revenus en :

ajoutant des liens d'affiliation dans la description de vos vidéos (produits Amazon, logiciels, outils en ligne)
promouvant vos propres produits numériques (ebooks, planificateurs, guides)
proposant des mentions sponsorisées ou des partenariats
réutilisant votre contenu sur Instagram Reels, TikTok et Facebook pour générer des revenus publicitaires supplémentaires

Grâce à l'IA, vous pouvez publier plusieurs vidéos par semaine avec un investissement de temps minimal. Un créateur peut publier des vidéos de motivation quotidiennes avec une voix générée par l'IA et des images libres de droits. Un autre peut publier chaque semaine une vidéo « Les outils IA de la semaine ». Certaines chaînes se concentrent sur le storytelling ou les résumés — tout cela sans jamais apparaître devant la caméra.

Ce qui rend ce modèle si évolutif, c'est le système. Une fois votre processus établi, vous pouvez déléguer ou automatiser chaque étape : génération d'idées, rédaction du script, voix, vidéo et mise en ligne. Vous pouvez même produire plusieurs vidéos à l'avance. Et si une vidéo devient virale, votre chaîne entière peut exploser du jour au lendemain.

La constance est essentielle. La plupart des créateurs sans visage qui réussissent s'engagent à publier selon un calendrier précis — trois fois par semaine, voire tous les jours — afin d'entraîner l'algorithme et de croître plus rapidement. Vous n'avez pas besoin d'équipement coûteux ni d'un studio sophistiqué. Vous avez simplement besoin de bonnes idées, d'un message clair et d'un contenu de qualité alimenté par l'IA.

Pour résumer : vous pouvez créer une chaîne YouTube sans visage en combinant ChatGPT pour les scripts, ElevenLabs pour les voix et Pictory ou InVideo pour le montage vidéo. Avec une niche intelligente et une publication régulière, cela peut devenir une activité secondaire très rentable — voire une entreprise à plein temps — sans jamais apparaître devant la caméra.

Dans le prochain chapitre, nous examinerons de plus près le marketing d'affiliation avec l'IA — comment utiliser votre contenu et vos outils pour gagner des commissions en promouvant les produits d'autres personnes. Mais pour l'instant, réfléchissez à cinq idées de vidéos, créez votre premier script sans visage et publiez votre premier contenu. L'algorithme vous attend.

Parlons maintenant de l'histoire de Niko.

Niko était un étudiant universitaire de 21 ans en Grèce, spécialisé en économie mais beaucoup plus passionné par la technologie et le développement personnel que par les manuels scolaires. Il avait une personnalité calme et n'aimait pas être au centre de l'attention. L'idée de devenir YouTuber l'avait toujours intrigué — le potentiel de revenus, la liberté, la créativité — mais parler face à une caméra, passer des heures à monter des vidéos et risquer les critiques le freinait.

Un après-midi, en regardant des vidéos sur les outils d'IA, il est tombé sur une vidéo intitulée : « Comment j'ai créé une chaîne YouTube sans montrer mon visage ni utiliser ma voix. » La vidéo expliquait le concept des chaînes YouTube sans visage alimentées par l'IA — avec des scripts générés par ChatGPT, des voix par ElevenLabs et des vidéos créées avec des outils comme Pictory ou InVideo. Cela lui a semblé être un raccourci incroyable. Et c'était exactement ce qu'il attendait.

Ce soir-là, il a choisi une niche qu'il aimait déjà : le contenu motivationnel. Il avait lu des dizaines de livres sur l'état d'esprit, le succès et la productivité — et il savait que les gens recherchaient des doses quotidiennes d'inspiration. Il a ouvert ChatGPT et a écrit : « Écris un script motivationnel de 90 secondes basé sur les habitudes des personnes qui réussissent. » En quelques secondes, il avait un texte parfaitement structuré. Il a ajusté quelques phrases pour le rendre plus personnel, puis l'a inséré dans ElevenLabs en choisissant une voix calme et confiante avec un léger accent britannique.

Ensuite, il a utilisé Pictory pour télécharger la narration et laisser le logiciel associer automatiquement des clips vidéo —

routines matinales, personnes faisant du jogging, paysages urbains, couchers de soleil. Il a ajouté une musique cinématographique et des sous-titres dynamiques. En moins de deux heures, il avait sa première vidéo complète.

Niko a publié la vidéo sur YouTube sous le nom Daily Uplift et a créé une miniature simple dans Canva : un texte blanc audacieux sur un fond noir et or indiquant « Change Your Life in 90 Seconds ». Il a ajouté des mots-clés comme « motivation », « habitudes de succès » et « autodiscipline ».

Il ne s'attendait pas à grand-chose. Pourtant, en 48 heures, la vidéo a atteint 312 vues — bien plus que tout ce qu'il avait publié auparavant. Puis une surprise est arrivée : quelqu'un a laissé un commentaire disant « C'est exactement ce dont j'avais besoin aujourd'hui. Abonné. »

Encouragé, Niko a créé une autre vidéo le lendemain. Puis une autre. Il publiait régulièrement, trois à quatre fois par semaine, en utilisant le même processus : ChatGPT pour le script, ElevenLabs pour la voix et Pictory pour les visuels. En un mois, il avait déjà plus de 1 000 abonnés. Une vidéo intitulée « La règle des 5 minutes pour accomplir n'importe quelle tâche » a dépassé 25 000 vues.

Il ne créait plus seulement du contenu — il construisait une marque.

Au bout de 90 jours, sa chaîne a été acceptée dans le programme de monétisation de YouTube. Les revenus publicitaires ont commencé à arriver — 12 dollars, puis 26, puis 57. Ce n'était pas encore une transformation de vie, mais c'était régulier et surtout évolutif. Son ancien emploi à temps partiel comme serveur payait moins par heure que ce qu'il gagnait en revenus publicitaires grâce à une semaine de vidéos.

À mesure que son audience grandissait, il a commencé à ajouter des liens d'affiliation dans ses descriptions : les livres qu'il mentionnait, les outils qu'il utilisait et des cours sur la productivité. Il a également créé un ebook gratuit avec ChatGPT intitulé « Les habitudes quotidiennes des personnes les plus prospères du monde » et l'a offert comme cadeau pour construire une liste e-mail.

La partie la plus incroyable ? Personne à son université ne le savait. Ses amis n'avaient aucune idée que « Niko l'introverti » était derrière une chaîne avec des milliers de vues et des revenus en croissance. Et cela lui convenait parfaitement.

Plus tard, il a même lancé une deuxième chaîne — cette fois consacrée à de courts documentaires utilisant les mêmes outils d'IA. Elle était sans visage, automatisée et lui permettait de créer du contenu à grande échelle sans s'épuiser.

Niko repense souvent à quel point il était proche de ne jamais essayer.

« Si j'avais attendu de me sentir prêt, j'attendrais encore », dit-il.

Grâce à l'IA, un étudiant discret sans compétences en montage et sans envie d'apparaître à la caméra a construit un actif numérique qui fonctionne jour et nuit. Il a transformé une voix — même si ce n'était pas la sienne — en revenus, en influence et en indépendance.

Chapitre 6 : Marketing d'affiliation avec l'IA — Gagner des commissions sans créer de produit

Le marketing d'affiliation est l'un des moyens les plus simples et les moins risqués de gagner de l'argent en ligne — et lorsqu'il est combiné avec l'intelligence artificielle, il devient encore plus puissant. Le principe est simple : vous promouvez les produits ou services d'autres personnes, et lorsqu'un achat est effectué via votre lien unique, vous gagnez une commission. Vous n'avez pas besoin de créer un produit, de gérer le service client ou de traiter les remboursements. Tout ce dont vous avez besoin est une audience et une manière convaincante de partager la valeur de ce que vous recommandez. L'IA rend ces deux éléments beaucoup plus faciles à mettre en place.

Pour commencer dans le marketing d'affiliation, vous devez d'abord trouver un produit à promouvoir. Il peut s'agir d'un produit physique, d'un cours numérique, d'un logiciel ou même d'un service par abonnement. Parmi les réseaux d'affiliation les plus populaires figurent Amazon Associates, ClickBank, ShareASale, Impact et Digistore24. Si vous vous concentrez sur les logiciels, des plateformes comme PartnerStack, GetResponse, ConvertKit et Jasper AI offrent des commissions récurrentes généreuses — ce qui signifie que vous continuez à gagner de l'argent tant que la personne reste cliente.

Une fois votre produit choisi, l'étape suivante consiste à créer du contenu autour de celui-ci — et c'est là que l'IA devient extrêmement utile. Au lieu de passer des heures à écrire des articles, enregistrer des vidéos ou concevoir du matériel marketing, vous pouvez utiliser l'IA pour effectuer la plus grande partie du travail. Par exemple, utilisez ChatGPT pour écrire un article de blog intitulé « Les 5 meilleurs outils pour un business en ligne en 2025 » et incluez vos liens d'affiliation dans l'article. Vous pouvez également demander à ChatGPT de générer des séquences d'e-mails, des légendes pour les réseaux sociaux, des comparaisons de produits ou même des scripts pour YouTube — tous adaptés au produit que vous promouvez.

Imaginons que vous promouviez un outil vidéo basé sur l'IA comme Pictory. Vous pourriez demander à ChatGPT d'écrire un script comparant Pictory au montage vidéo traditionnel. Ensuite, utilisez ElevenLabs pour transformer ce script en narration, puis créez une vidéo de démonstration ou explicative avec Pictory lui-même. Téléchargez cette vidéo sur YouTube et ajoutez votre lien d'affiliation dans la description. Ajoutez également un commentaire épinglé avec le lien et une raison de cliquer (« Essayez gratuitement pendant 7 jours ! »). Vous venez ainsi de créer un actif de contenu capable de générer des conversions 24 heures sur 24.

Pour des plateformes comme TikTok, Instagram ou Pinterest, utilisez Canva pour concevoir de courtes vidéos, des infographies ou des carrousels qui expliquent les avantages de votre produit. Des outils comme Opus Clip peuvent transformer une longue vidéo YouTube en plusieurs vidéos courtes au format vertical prêtes à être publiées. Ajoutez votre lien d'affiliation dans votre biographie ou utilisez des outils comme Linktree pour présenter plusieurs offres.

L'une des meilleures façons d'augmenter vos revenus d'affiliation est de construire une liste e-mail. Offrez une ressource gratuite — comme une checklist, un ebook ou un mini-cours — en échange de l'adresse e-mail d'une personne. Utilisez l'IA pour créer ce lead magnet en une seule après-midi. Ensuite, envoyez des e-mails de suivi recommandant vos produits d'affiliation, accompagnés de conseils utiles ou d'histoires. Le marketing par e-mail est puissant parce qu'il vous permet de rester en contact avec votre audience sur la durée — et beaucoup de personnes ont besoin de voir une offre entre trois et sept fois avant de passer à l'achat.

N'oubliez pas de privilégier la valeur avant tout. Le marketing d'affiliation fonctionne mieux lorsque vous aidez réellement quelqu'un à résoudre un problème ou atteindre un objectif. Ne publiez pas simplement un lien au hasard en espérant des clics. Créez du contenu qui éduque, divertit ou informe — puis ajoutez votre lien comme une étape utile suivante. Cela crée de la confiance, ce qui entraîne davantage de clics et de conversions.

De nombreux spécialistes du marketing d'affiliation utilisant l'IA se concentrent sur une seule niche et construisent un système de contenu simple autour de celle-ci. Par exemple :

Un nomade digital crée une chaîne YouTube qui teste des outils de travail à distance et inclut des liens d'affiliation vers des applications de productivité.
Un passionné de fitness crée un blog avec ChatGPT sur les entraînements à domicile et inclut des liens vers des équipements ou des compléments.
Un enseignant publie des conseils éducatifs sur Instagram Reels et recommande Canva Pro pour les enseignants via un lien de parrainage.

À mesure que votre contenu se développe, votre audience augmente — et vos revenus aussi. Un seul article de blog, une vidéo YouTube ou un Reel viral peut générer des commissions pendant des mois, voire des années.

Enfin, suivez vos résultats. Utilisez des liens UTM ou le tableau de bord de votre plateforme d'affiliation pour analyser quels contenus convertissent le mieux. Ensuite, concentrez-vous davantage sur ce qui fonctionne. L'IA vous permet de tester rapidement différents titres, angles, designs et formats — vous donnant un avantage marketing qui aurait coûté des milliers de dollars il y a quelques années.

Pour résumer : le marketing d'affiliation vous permet de gagner des commissions sans créer votre propre produit. Avec des outils d'IA comme ChatGPT, ElevenLabs, Canva et Pictory, vous pouvez créer des blogs, des vidéos, des e-mails et des visuels en quelques minutes. Associé au bon produit et à la bonne audience, cela devient un modèle d'affaires évolutif et durable — parfait pour les personnes qui cherchent un revenu complémentaire ou même une activité à plein temps.

Dans le prochain chapitre, nous explorerons comment créer et vendre des cours en ligne avec l'aide de l'IA, même si vous n'avez jamais enseigné auparavant. Mais pour l'instant, choisissez un produit que vous aimez, créez votre premier contenu avec l'IA à son sujet et publiez-le. Vous n'êtes peut-être qu'à un bon lien de votre première commission.

Les revenus passifs de Priya.

Priya vivait dans une petite ville près de Mumbai, en Inde. Ancienne agente de service client, elle avait récemment quitté son emploi pour s'occuper de sa fille nouveau-née. L'argent était limité, mais elle ne cherchait pas un emploi à temps plein — seulement un moyen de gagner un peu d'argent depuis chez elle. Une nuit, alors qu'elle nourrissait son bébé, elle est tombée sur une vidéo YouTube expliquant le marketing d'affiliation — l'idée qu'on pouvait gagner de l'argent simplement en recommandant des produits en ligne.

La phrase qui a retenu son attention était : « Pas de produit ? Pas de problème. » Cela semblait parfait.

Au cours de la semaine suivante, elle s'est plongée dans le sujet. Elle a découvert que certaines personnes gagnaient des milliers de dollars par mois simplement en promouvant des produits qu'elles n'avaient pas créés — en particulier des logiciels, des ebooks et des services en ligne. Mais elle a aussi remarqué que beaucoup de ces personnes avaient des sites web, des listes e-mail ou de grandes chaînes YouTube. Priya n'avait rien de tout cela. Pourtant, elle avait du temps, de la curiosité et une connexion Internet.

Elle a donc décidé de commencer modestement. Elle a choisi un produit qu'elle utilisait réellement et qu'elle aimait — une plateforme de design graphique appelée Canva. Elle l'utilisait chaque jour pour créer des images de citations et des cartes d'anniversaire pour sa famille, donc le promouvoir lui semblait naturel. Elle a rejoint leur programme d'affiliation et a reçu son lien de suivi unique.

Ensuite, elle a ouvert ChatGPT et a demandé : « Peux-tu écrire un article intitulé “5 outils gratuits qui facilitent la vie des mamans occupées” ? » ChatGPT a généré un article clair et utile en moins de cinq minutes. Elle lui a demandé d'ajouter un paragraphe sur Canva avec son lien d'affiliation. Elle a créé un blog gratuit avec la plateforme Blogger de Google, collé l'article et cliqué sur publier.

Pendant quelques jours, rien ne s'est passé. Puis un visiteur est arrivé. Puis deux. Puis dix. Une semaine plus tard, elle a reçu un e-mail : « Vous avez gagné votre première commission d'affiliation Canva — 9,60 dollars. » Elle a poussé un cri de joie et a réveillé sa fille qui faisait la sieste. Ce n'était pas beaucoup, mais c'était la preuve que cela fonctionnait.

Elle s'est alors investie davantage. Priya a commencé à créer des épingles Pinterest avec Canva qui renvoyaient vers ses articles. Elle a demandé à ChatGPT de générer d'autres articles : « 10 astuces pour gagner du temps pour les mamans actives », « Comment démarrer une activité secondaire sans quitter sa maison » et « Les meilleurs outils d'IA gratuits pour débutants ». Dans chaque article, elle incluait un ou deux liens d'affiliation : Canva, Grammarly, Pictory et même un cours sur le sommeil des bébés trouvé sur Digistore24. Tous des outils auxquels elle croyait — et qu'elle utilisait elle-même.

Elle a également créé un compte Gumroad gratuit et proposé un petit guide PDF créé avec l'IA intitulé « Le guide des mamans occupées pour les activités secondaires avec l'IA ». Pour obtenir ce guide, les personnes devaient entrer leur adresse e-mail. Priya utilisait le plan gratuit de ConvertKit pour envoyer des e-mails de suivi recommandant les outils qu'elle mentionnait. En 30 jours, elle avait déjà 127 abonnés. Peu — mais en croissance.

Chaque matin pendant la sieste de son bébé, Priya créait du contenu. Parfois un article de blog. Parfois une courte vidéo Canva pour Instagram Reels. Parfois simplement un carrousel Facebook. Elle ne cherchait pas à devenir virale — elle voulait simplement être utile. Peu à peu, le trafic de son blog a augmenté. Ses commissions aussi.

Au troisième mois, elle gagnait entre 180 et 250 dollars par mois en commissions d'affiliation — suffisamment pour payer les couches, les courses et mettre un peu d'argent de côté. La plupart de son contenu était créé avec des outils d'IA gratuits, et elle n'avait ni site web professionnel, ni marque commerciale, ni compétences techniques avancées. Juste de la constance et un véritable désir d'aider les autres.

Six mois plus tard, Priya a reçu un e-mail de Canva l'invitant à rejoindre leur niveau « Pro Affiliate », offrant des commissions plus élevées et des bonus supplémentaires. Elle avait discrètement construit quelque chose de réel — une activité secondaire qui fonctionnait même lorsqu'elle ne travaillait pas. Et tout avait commencé avec un simple lien.

Aujourd'hui, Priya aide d'autres mamans dans son groupe WhatsApp à apprendre comment utiliser l'IA pour créer des blogs d'affiliation, des ebooks et des Reels. Elle leur rappelle souvent : « Vous n'avez pas besoin d'être une influenceuse. Vous devez simplement être utile. »

Grâce à l'IA et au marketing d'affiliation, Priya n'a pas seulement gagné de l'argent — elle a gagné en confiance, en liberté et en identité : créatrice, connectrice et reine discrète des commissions.

Chapitre 7 : Créer des cours avec l'IA – Enseigner ce que vous savez sans être un expert

L'éducation en ligne a explosé au cours de la dernière décennie, et sa croissance ne fait que s'accélérer. Des plateformes comme Udemy, Teachable, Skillshare et Kajabi ont créé un marché mondial du savoir – et l'intelligence artificielle rend aujourd'hui plus facile que jamais le fait de devenir créateur de cours, même si vous n'êtes ni enseignant ni expert. Avec des outils d'IA à vos côtés, vous pouvez planifier, créer et vendre vos propres cours numériques en un temps record – directement depuis votre maison, avec seulement un smartphone ou un ordinateur portable.

Le changement clé est le suivant : les gens n'attendent plus la perfection. Ils attendent de la clarté, une structure et des résultats. Si vous avez surmonté un défi, trouvé une solution à un problème ou maîtrisé un processus simple – vous pouvez l'enseigner. Qu'il s'agisse d'apprendre à utiliser Canva, d'organiser sa maison, de créer une activité secondaire, de perdre du poids en tant que parent occupé ou de rester productif en travaillant depuis chez soi – quelqu'un cherche la solution que vous connaissez déjà.

Voici comment fonctionne la création de cours avec l'IA, étape par étape.

Commencez par identifier un micro-sujet que vous pouvez enseigner. N'essayez pas de créer une masterclass de 40 heures. Concentrez-vous sur une petite victoire. Au lieu de « Comment créer une entreprise », essayez « Comment créer une boutique de printables avec Canva en 7 jours ». Au lieu de « Fitness », essayez « Entraînements de 15 minutes pour les mamans sans équipement ». La spécificité vend. Utilisez ChatGPT pour vous aider à trouver des idées en demandant : « Quels sont 10 sujets de cours en ligne rentables si je m'intéresse à [votre domaine d'intérêt] ? »

Une fois votre sujet choisi, utilisez ChatGPT pour créer le plan du cours. Demandez-lui de diviser votre sujet en 5 à 7 modules ou leçons. Pour chaque leçon, demandez des points clés ou des objectifs d'apprentissage. Ensuite, demandez-lui de développer chaque section sous forme de script de leçon ou de points de discussion. Cela devient la base de votre contenu de cours — vous faisant gagner des jours ou même des semaines de travail.

Vous pouvez ensuite décider si vous souhaitez enregistrer des vidéos, de l'audio ou un diaporama narré. Vous n'avez pas besoin d'apparaître à la caméra. Vous pouvez :

Utiliser Pictory ou InVideo pour transformer vos scripts en vidéos narrées avec des images libres de droits et des voix générées par IA.
Enregistrer votre écran avec Loom, OBS Studio ou Screencast-O-Matic en montrant un processus (comme concevoir dans Canva ou utiliser ChatGPT).
Utiliser ElevenLabs pour narrer vos scripts et combiner l'audio avec des diapositives créées dans Canva ou PowerPoint.

Vous pouvez créer un cours complet avec simplement des diapositives, une voix générée par IA et quelques visuels simples — et produire malgré tout un produit premium.

Une fois vos leçons terminées, organisez vos vidéos, PDF et téléchargements sur une plateforme de cours. Pour les débutants, Udemy est un excellent point de départ car la plateforme compte déjà des millions d'étudiants. La publication est gratuite et Udemy gère une grande partie du marketing. Vous gagnez un pourcentage sur chaque vente (généralement entre 37 % et 50 %) selon la manière dont l'étudiant découvre votre cours.

Si vous souhaitez avoir plus de contrôle et conserver une plus grande part de vos revenus, utilisez des plateformes comme Teachable, Thinkific, Gumroad ou Podia pour héberger votre cours et fixer votre prix. Ces plateformes vous permettent de créer votre propre page de vente, de mettre en place des séquences d'e-mails et de vendre directement à votre audience. Vous pouvez même proposer votre formation comme un « mini-cours » entre 17 et 97 dollars — parfait pour les personnes qui débutent dans les activités secondaires.

L'IA peut également vous aider à écrire le titre de votre cours, le sous-titre, la description, la page de vente, les e-mails et même votre biographie d'instructeur. Utilisez des instructions comme :

« Rédige une description persuasive pour un cours intitulé "Freelancing avec des outils d'IA". »
« Crée un appel à l'action convaincant pour s'inscrire à un cours numérique. »
« Résume les avantages de ce cours en cinq points clés. »

Une fois votre cours publié, faites-en la promotion via les réseaux sociaux, le marketing par e-mail, les partenariats d'affiliation ou même YouTube Shorts et Instagram Reels. Vous pouvez utiliser Opus Clip pour extraire des moments forts d'une longue vidéo ou d'une bande-annonce de cours afin de les partager sur plusieurs plateformes. Ajoutez le lien vers votre cours dans votre biographie ou dans les descriptions de vos vidéos pour attirer l'attention et générer du trafic.

Et souvenez-vous : votre cours n'a pas besoin d'être parfait. Il doit simplement être publié. Vous pourrez toujours le mettre à jour, réenregistrer certaines parties ou l'améliorer plus tard.

L'objectif est de résoudre un problème, d'apporter de la valeur et d'offrir à quelqu'un un raccourci vers le résultat qu'il souhaite.

Certains créateurs lancent un seul cours et gagnent entre 100 et 500 dollars par mois de manière passive. D'autres construisent des packs de formations, ajoutent des offres complémentaires et atteignent des revenus mensuels à cinq chiffres. Dans tous les cas, l'IA vous permet de créer plus rapidement, de tester des idées et de construire un actif éducatif qui peut vous rapporter de l'argent encore et encore.

Dans le prochain chapitre, nous verrons comment transformer vos compétences en IA en une agence digitale offrant des services à des clients — même si vous travaillez seul. Mais pour l'instant, définissez le sujet de votre cours, générez les titres des leçons avec l'IA et commencez à créer. Vous ne vous sentez peut-être pas encore enseignant — mais pour quelqu'un quelque part, vous êtes déjà le mentor qu'il attendait.

Le premier cours de Carla a tout changé.

Carla travaillait comme réceptionniste à temps plein dans un petit cabinet dentaire dans une zone rurale du Texas. Elle avait 38 ans, élevait seule deux enfants et gérait un emploi du temps chargé qui laissait peu de place aux activités secondaires. Pourtant, elle avait toujours eu un talent pour l'organisation — les plannings, les budgets, la préparation des repas, l'organisation de voyages. Ses amis lui demandaient souvent des conseils pour rester organisés malgré un manque de temps. Elle plaisantait en disant : « Je devrais faire un cours sur ça », mais cela lui semblait toujours être un rêve irréaliste.

Puis un jour, pendant sa pause déjeuner en regardant YouTube, elle a vu une vidéo intitulée « Créer et vendre un cours en ligne avec l'IA — aucune expérience nécessaire ». Sceptique mais curieuse, elle a cliqué. Le créateur expliquait comment utiliser ChatGPT pour générer des idées de leçons, ElevenLabs pour narrer les scripts et Canva pour créer de simples présentations. Pas d'équipement coûteux. Pas besoin d'apparaître à la caméra. Les yeux de Carla se sont illuminés. Peut-être qu'elle pouvait vraiment enseigner quelque chose.

Ce soir-là, après avoir couché ses enfants, elle a ouvert ChatGPT et a écrit : « Aide-moi à créer le plan d'un mini-cours appelé "Le plan d'organisation pour mamans". » En quelques secondes, elle avait cinq leçons : créer un planning familial hebdomadaire, organiser son budget, préparer les repas à l'avance, organiser ses fichiers numériques et mettre en place des routines qui font gagner du temps. Cela semblait presque trop facile.

Au cours des jours suivants, Carla a développé chaque leçon avec l'aide de l'IA. Elle a ajouté ses propres exemples réels, conseils et raccourcis. Elle a conçu des diapositives dans

Canva, puis utilisé ElevenLabs pour narrer ses scripts avec une voix claire et chaleureuse. Elle a assemblé le tout en vidéos avec un éditeur gratuit en ligne. Elle a téléchargé ses contenus sur Teachable, ajouté une courte description du cours (également écrite par l'IA) et fixé le prix à 37 dollars. Puis elle a cliqué, nerveusement, sur « publier ».

Elle n'en a parlé à personne. Aucun message sur les réseaux sociaux. Aucun e-mail. Juste une expérience discrète. Mais dans les 48 heures, la première vente est arrivée. Puis une autre. Et encore une autre.

Il s'est avéré que son cours répondait à un problème très réel : des mamans occupées essayant de rester organisées tout en gérant tout le reste. Sa voix — même si elle n'était pas littéralement la sienne — touchait les gens. Son système semblait authentique et accessible.

Encouragée, Carla a commencé à publier quelques conseils sur Instagram avec un lien vers son cours. Elle a utilisé ChatGPT pour écrire les légendes et Canva pour créer des visuels quotidiens. En un mois, elle avait vendu plus de 50 copies. Les gens lui envoyaient des e-mails pour la remercier — pour avoir créé quelque chose de simple, utile et réel.

Carla n'en revenait pas. Elle n'avait pas fait d'études universitaires. Elle n'avait aucun diplôme d'enseignement. Elle ne se considérait pas comme une « experte ». Pourtant, elle venait de gagner plus de 1 000 dollars durant son premier mois — plus que ce qu'elle avait jamais gagné avec une activité secondaire. Et c'était en grande partie passif.

Elle a réinvesti ses gains dans un second cours : « Gérez votre budget comme une pro : finances personnelles pour familles occupées ». Cette fois, elle a ajouté des PDF, des checklists et même un petit cahier d'exercices — tous créés avec l'IA en quelques heures. Elle a regroupé ses deux cours dans une offre et augmenté le prix. En trois mois, elle avait créé une véritable activité numérique secondaire — qu'elle pouvait gérer en quelques heures par semaine.

La partie préférée de Carla n'était pas seulement l'argent. C'était le changement d'identité. Elle n'était plus seulement réceptionniste. Elle était enseignante, créatrice et entrepreneure. Elle avait transformé son expérience de vie en valeur pour aider les autres — et elle était payée pour cela.

Aujourd'hui, elle dit souvent aux autres mamans : « Si vous avez résolu un problème dans votre vie, quelqu'un est prêt à payer pour apprendre comment vous l'avez fait. L'IA vous aide simplement à transformer cette connaissance en quelque chose de réel. »

Et c'est exactement ce que Carla a fait — une leçon à la fois.

Chapitre 8 : Lancer une agence digitale alimentée par l'IA depuis chez soi

L'idée de gérer une « agence » pouvait autrefois sembler intimidante — quelque chose qui nécessitait une équipe, un bureau, des logiciels coûteux et des années d'expérience. Ce n'est plus le cas aujourd'hui. Grâce à l'intelligence artificielle, vous pouvez désormais lancer et gérer votre propre agence digitale depuis chez vous, seul, en offrant des services très demandés à des clients du monde entier tout en utilisant des outils d'IA pour produire rapidement des résultats professionnels.

Une agence est simplement une entreprise qui fournit des services à d'autres personnes. Lorsqu'elle est alimentée par l'IA, elle devient légère, efficace et évolutive. Vous pouvez vous spécialiser dans la création de contenu, la gestion des réseaux sociaux, la génération de leads, le référencement SEO, l'email marketing, le montage vidéo ou la création de sites web — le tout en utilisant des outils d'IA comme des collaborateurs silencieux et infatigables.

La première étape consiste à choisir votre niche de service. Concentrez-vous sur ce que vous pouvez livrer efficacement grâce à l'IA — et là où la demande est claire. Par exemple :

Agence de création de contenu : rédaction d'articles de blog, d'e-mails et de pages de vente avec ChatGPT et Grammarly.
Agence de contenu vidéo : création de vidéos courtes pour les réseaux sociaux avec Opus Clip, Pictory ou InVideo.
Voix off et narration avec IA : services de narration pour publicités, livres audio ou YouTube avec ElevenLabs.
Marketing sur les réseaux sociaux : création de légendes, carrousels et Reels avec ChatGPT et Canva.
Conseil en automatisation pour entreprises : aider les petites entreprises à automatiser leurs réponses, workflows ou contenus avec Zapier et des bots IA.

Une fois votre niche choisie, transformez vos services en offres claires. Au lieu de dire « je fais un peu de tout », dites plutôt : « Nous créons 15 vidéos courtes par mois pour Instagram, YouTube et TikTok — entièrement montées avec sous-titres, musique et voix IA — à partir de 499 dollars par mois. » Lorsque votre offre est précise, les clients vous font davantage confiance.

Ensuite, créez une présence en ligne simple. Vous n'avez pas besoin d'un site web complexe pour commencer. Un PDF professionnel conçu dans Canva, une page simple sur Gumroad ou Notion, ou même un profil LinkedIn solide présentant vos offres peut suffire. Utilisez ChatGPT pour rédiger votre section « À propos », les descriptions de vos services et votre proposition de valeur. Votre marque peut être votre nom ou quelque chose comme « ContentFlow AI », « Social Boosters Studio » ou « NextGen Video Lab ».

Maintenant, où trouver des clients ? La voie la plus rapide est la combinaison prospection + contenu. Utilisez LinkedIn, les groupes Facebook ou les e-mails à froid pour contacter des petites entreprises, des coachs, des solopreneurs ou des marques e-commerce. Commencez la conversation en offrant quelque chose gratuitement : « Bonjour, j'ai remarqué que votre Instagram n'utilise pas de vidéos courtes. Souhaitez-vous que je crée un exemple gratuit avec des outils d'IA ? Sans engagement. » S'ils aiment le résultat — ils demanderont davantage. C'est votre point d'entrée.

Vous pouvez également proposer vos services sur Fiverr, Upwork ou PeoplePerHour. Utilisez l'IA pour générer les descriptions de vos services, les réponses aux FAQ et même des réponses automatiques aux messages. Ajoutez des exemples de portfolio — créés avec l'IA — pour montrer vos capacités. Commencez avec des prix compétitifs, récoltez des avis, puis augmentez vos tarifs à mesure que la demande grandit.

La puissance de l'IA vous permet de travailler comme une équipe de cinq personnes — même si vous êtes seul. Par exemple :

Avec ChatGPT, vous pouvez écrire 10 e-mails marketing performants en moins de 30 minutes.
Avec Canva, vous pouvez concevoir une semaine entière de publications Instagram avec légendes en une seule session.
Avec Pictory, vous pouvez transformer des articles de blog en vidéos YouTube en moins d'une heure.
Avec ElevenLabs, vous pouvez livrer des introductions de podcasts, des narrations de livres audio ou des modules de cours — sans entrer dans un studio d'enregistrement.

La meilleure partie ? Vous pouvez automatiser des services récurrents, facturer des abonnements mensuels et construire un revenu prévisible. Proposez des packs mensuels de contenu, des bundles de vidéos ou même des services en marque blanche pour d'autres créateurs qui n'ont pas le temps de produire eux-mêmes. À mesure que vos revenus augmentent, vous pouvez embaucher des assistants virtuels pour l'administratif ou étendre vos services basés sur l'IA.

En résumé : vous n'avez pas besoin d'une équipe ni d'un studio pour lancer une agence. Vous avez besoin d'un ordinateur, d'une niche et d'une offre claire — et les outils d'IA feront le reste. Concentrez-vous sur la résolution d'un problème spécifique. Fournissez des résultats rapidement. Restez professionnel et constant. Avant longtemps, vous n'aurez plus seulement une activité secondaire — vous aurez une véritable entreprise.

Dans le prochain chapitre, nous verrons comment utiliser l'IA pour créer et vendre des templates numériques — l'un des produits à la marge la plus élevée que vous puissiez proposer sur Etsy, Gumroad et d'autres plateformes. Mais pour l'instant, définissez votre niche d'agence, créez une offre client et envoyez votre premier message. Vous ne faites pas semblant d'être une agence. Vous en êtes une — propulsée par l'IA.

L'agence à distance de Ricardo.

Ricardo vivait à Buenos Aires, en Argentine. Ancien barman, il avait perdu son emploi pendant une crise économique et n'avait pas retrouvé de travail stable depuis plus d'un an. Il avait un ordinateur portable, une connexion Wi-Fi instable et une forte envie d'arrêter de dépendre de petits boulots. Après avoir regardé de nombreuses vidéos YouTube sur comment gagner de l'argent en ligne, il est tombé sur un titre qui a immédiatement attiré son attention : « Créez une agence digitale d'une seule personne avec l'IA — même sans clients ».

Il a cliqué.

La vidéo expliquait comment certaines personnes utilisaient des outils comme ChatGPT, Canva et Pictory pour offrir des services professionnels comme le montage vidéo, la création de contenu ou la gestion des réseaux sociaux — sans équipe, sans bureau et sans compétences techniques avancées. Ricardo n'avait jamais monté de vidéo de sa vie, mais il avait déjà créé des menus de boissons, des flyers de soirées et des publications sociales pour le bar où il travaillait. Cela lui a donné une idée.

Il a décidé de lancer une agence de contenu social pour les cafés et restaurants locaux. Il l'a appelée Café Boost Studio et a créé rapidement un logo dans Canva. Ensuite, il a utilisé ChatGPT pour rédiger un message d'introduction : « Bonjour, je dirige un petit studio créatif qui aide les restaurants à se développer en ligne grâce à des vidéos courtes et du contenu moderne. Puis-je créer un exemple gratuit pour votre café ? »

Il a récupéré des photos du compte Instagram d'un café local, demandé à ChatGPT d'écrire un script avec des suggestions de musique tendance, transformé le texte en narration avec ElevenLabs, puis utilisé Pictory pour créer une courte vidéo propre et dynamique. Cela lui a pris moins d'une heure. Il l'a envoyée au propriétaire sans aucune attente.

La propriétaire a adoré. Elle lui a proposé 100 dollars pour créer cinq autres vidéos. C'était plus que ce qu'il avait gagné toute la semaine.

Encouragé, Ricardo a créé une liste de 20 autres petites entreprises dans sa région et leur a envoyé un message personnalisé. Quatre ont répondu. Deux sont devenues clientes. En deux semaines, il avait 500 dollars de contrats — récurrents chaque mois. Il proposait des packs de contenu : 10

Reels par mois pour 200 dollars, 4 newsletters e-mail pour 150 dollars et des graphiques quotidiens de citations pour 99 dollars. Tout livré avec l'aide de l'IA.

Au début, il travaillait seul. Depuis un coin de sa cuisine, avec un casque sur les oreilles et son téléphone à côté. Mais avec le temps, il a optimisé tout son système. Il utilisait ChatGPT pour écrire les légendes, ElevenLabs pour les voix off, Canva pour les visuels et Opus Clip pour créer des extraits vidéo courts. Il a même créé des modèles réutilisables pour accélérer la livraison.

Il ne se sentait plus comme quelqu'un qui cherchait du travail. Il se sentait comme un entrepreneur.

Au troisième mois, il a créé une page Gumroad où d'autres agences pouvaient acheter ses modèles — packs Canva, collections de légendes et formulaires d'intégration client. Cela lui rapportait déjà 200 à 300 dollars supplémentaires par mois.

Finalement, Ricardo a embauché son cousin à temps partiel pour gérer la prospection pendant qu'il se concentrait sur la production et l'amélioration de ses systèmes. Le plus incroyable ? Il n'avait toujours pas eu une seule réunion en personne. Toute son agence fonctionnait à distance — depuis son ordinateur, avec des outils d'IA, et avec des clients venant d'Argentine, du Mexique et même d'une boulangerie à Miami.

Ricardo ne se présentait plus comme « entre deux emplois ». Il était le fondateur de Café Boost Studio, avec un portfolio et une clientèle en pleine croissance.

Il repense souvent au moment qui a tout changé — l'envoi de ce premier exemple gratuit sans promesse de paiement. Cela lui avait pris 60 minutes. Cette seule vidéo a lancé toute son agence.

Son conseil aux autres est simple : « N'attendez pas de vous sentir prêt. Résolvez simplement un problème. Laissez l'IA faire le travail difficile. La confiance viendra ensuite. »

Et c'est exactement ce que Ricardo a fait. De barman à entrepreneur — grâce à un chatbot gratuit, un regard créatif et le courage d'appuyer sur « envoyer ».

Chapitre 9 : Créer et vendre des templates alimentés par l'IA pour un revenu passif

Les templates sont de l'or numérique. Ils permettent de gagner du temps, de simplifier des tâches complexes et d'apporter une structure — c'est pourquoi ils font partie des produits numériques les plus rentables et les plus évolutifs sur Internet aujourd'hui. Des modèles de CV et formulaires professionnels aux mises en page de publications pour les réseaux sociaux et aux planificateurs de budget, des personnes de tous les secteurs recherchent des solutions « prêtes à l'emploi » qu'elles peuvent intégrer immédiatement dans leur vie ou leur travail. Et grâce à l'intelligence artificielle, vous pouvez désormais créer, structurer et vendre des templates professionnels facilement — sans diplôme en design ni compétences techniques.

Les templates sont simplement des fichiers préconçus que les utilisateurs peuvent personnaliser et réutiliser. Vous en utilisez peut-être déjà dans votre vie quotidienne : modèles d'e-mails, graphiques Canva pour les réseaux sociaux, tableaux de bord Notion, feuilles de suivi dans Google Sheets, présentations PowerPoint ou même formulaires juridiques. Ces outils permettent de gagner des heures — et les gens sont prêts à payer pour ce gain de temps.

Pour commencer, vous devez d'abord choisir une catégorie de templates avec une forte demande. Utilisez des marketplaces comme Etsy, Creative Market, Gumroad ou même la recherche TikTok pour voir ce qui est tendance. Les catégories très demandées incluent :

Business : pitch decks, procédures SOP, factures, plans d'affaires
Développement personnel : trackers d'habitudes, planificateurs d'objectifs, journaux quotidiens
Éducation : plans de cours, feuilles d'exercices pour élèves, organisateurs de classe
Création de contenu : templates Instagram, storyboards pour Reels, miniatures YouTube
Finance : feuilles de budget, suivi des revenus et dépenses, plans de remboursement de dettes
Événements : planificateurs de mariage, planificateurs de repas, invitations de fête

Une fois votre niche choisie, utilisez ChatGPT pour planifier le contenu. Par exemple, vous pourriez demander : « Que dois-je inclure dans un template de tableau de budget pour petite entreprise ? » ou « Donne-moi 10 prompts pour un planificateur de productivité quotidien. » Vous pouvez même demander à ChatGPT de créer du contenu par défaut pour vos templates (comme des exemples de factures clients, des calendriers ou des légendes d'exemple).

Pour le design, Canva est votre meilleur allié. Utilisez ses modèles gratuits comme point de départ, puis personnalisez les polices, couleurs et la structure pour rendre votre produit unique. Vous voulez créer des templates modifiables pour vos clients ? Concevez simplement dans Canva puis cliquez sur « Partager comme lien de modèle ». Cela permet à vos acheteurs de copier et modifier le template dans leur propre compte Canva — sans téléchargement. C'est simple, propre et très efficace pour convertir.

Pour les tableurs ou tableaux de bord, utilisez Google Sheets ou Notion. ChatGPT peut vous aider à créer des formules complexes ou de la logique pour des trackers financiers, calculateurs ou systèmes de gestion de projet. Par exemple, vous pouvez demander : « Écris une formule dans Google Sheets pour calculer automatiquement la marge de profit mensuelle. » Copiez, collez — et votre tableur est prêt à être vendu.

Ensuite, créez une fiche produit sur une plateforme comme Etsy, Gumroad ou Payhip. Utilisez l'IA pour rédiger les descriptions, titres et mots-clés. Par exemple :

Titre : « Suivi financier pour petite entreprise (Template Google Sheets) »

Description : « Suivez vos revenus, dépenses, taxes et profits nets grâce à ce tableur mensuel facile à utiliser. Conçu pour les entrepreneurs, freelances et vendeurs Etsy. »

Utilisez Canva ou Placeit pour créer de belles maquettes de produit. Montrez votre template sur l'écran d'un ordinateur portable ou d'un smartphone afin d'aider les acheteurs à visualiser sa valeur. Les fiches produit avec des visuels clairs convertissent beaucoup mieux.

Le prix dépendra de la complexité et de la concurrence. De nombreux templates se vendent entre 5 et 25 dollars, tandis que les bundles ou systèmes premium peuvent atteindre 49 dollars ou plus. Vous pouvez également proposer des options supplémentaires, des mises à niveau ou différents niveaux de licence (usage personnel ou commercial).

Une fois votre produit publié, générez du trafic en utilisant :

Pinterest : créez des épingles dans Canva et liez-les à votre page produit.
Instagram Reels ou TikTok : montrez rapidement comment fonctionne votre template.
SEO Etsy : incluez des mots-clés dans le titre, les tags et la description pour apparaître dans les recherches.
Listes e-mail : offrez un mini-template gratuit en échange d'une adresse e-mail puis proposez la version complète.
Bundles : combinez 3 à 5 templates liés dans une offre pour augmenter la valeur perçue.

La véritable magie apparaît lorsque vous construisez une bibliothèque de templates. Commencez avec un produit, puis créez des outils complémentaires. Par exemple, si vous vendez un planificateur de mariage, ajoutez ensuite un tracker de liste d'invités, une feuille de budget et une checklist pour la lune de miel. Ces mini-écosystèmes augmentent les achats répétés et permettent des ventes additionnelles naturelles.

La meilleure partie ? Les templates deviennent un véritable revenu passif. Il n'y a presque aucun service client, à part quelques questions d'accès occasionnelles. Vous créez une fois, vous vendez pour toujours. Et avec l'IA qui réalise 70 à 80 % du travail de contenu et de structuration, votre rôle devient celui d'un curateur et bâtisseur de marque — pas seulement d'un créateur.

Pour résumer : choisissez une niche rentable, utilisez l'IA pour planifier et générer le contenu, concevez avec Canva ou Google Sheets, puis vendez sur Etsy, Gumroad ou votre propre site. Avec de la constance, même une petite boutique avec 10 templates peut générer des centaines — voire des milliers — de dollars par mois. Et contrairement aux services, votre revenu n'est plus directement lié à votre temps.

Dans le dernier chapitre, nous verrons comment construire un véritable écosystème de revenus avec l'IA — en combinant plusieurs activités secondaires dans un système qui travaille pour vous en permanence. Mais pour l'instant, choisissez une idée de template et donnez-lui vie. Simple, utile et évolutif – c'est ainsi que commence la liberté numérique.

La surprise des six templates de Sienna.

Sienna était assistante virtuelle freelance à Cape Town, en Afrique du Sud. Ses journées étaient bien remplies — entre les e-mails, la gestion de calendriers et les publications sur les réseaux sociaux pour ses clients. Mais ses revenus étaient irréguliers, dépendant du travail à l'heure, et elle commençait à s'épuiser. Elle rêvait de gagner de l'argent sans constamment échanger son temps contre de l'argent. Le revenu passif semblait attrayant — mais toujours hors de portée.

Un soir, en naviguant sur Pinterest à la recherche de planificateurs numériques, elle a vu une épingle qui disait : « Gagnez 1 000 $ par mois en vendant des templates sur Etsy – aucune expérience requise. » Cela ressemblait à une arnaque. Mais la curiosité l'a emporté et elle a cliqué.

L'article expliquait comment des créateurs utilisaient Canva et ChatGPT pour créer des templates modifiables – planificateurs, checklists, trackers – puis les vendaient en ligne. Certains utilisaient même Google Sheets pour des outils de gestion d'entreprise ou de finances. Sienna créait déjà ces outils pour ses clients. Pourquoi ne pourrait-elle pas les vendre aussi ?

Cette nuit-là, elle a pris une checklist de productivité qu'elle avait créée pour un client, retiré la marque, amélioré le design dans Canva et exporté le tout en PDF. Puis elle a ouvert ChatGPT et demandé : « Donne-moi 20 prompts pour un journal numérique de productivité. » En quelques secondes, elle avait le contenu parfait pour accompagner son template.

Elle a téléchargé les deux produits sur Etsy sous une nouvelle boutique appelée SmartWork Templates. Elle a fixé le prix à 7 dollars et créé une image d'aperçu simple montrant un ordinateur portable avec son design à l'écran. Elle a suivi un tutoriel YouTube sur le SEO Etsy et ajouté des mots-clés comme « productivity planner », « digital checklist » et « time management printable ».

Personne n'a acheté le premier jour. Ni le deuxième. Mais le troisième jour, elle a entendu le son « cha-ching » de son application Etsy.

Sa première vente.

Elle était ravie — non pas à cause des 7 dollars, mais parce qu'elle avait compris qu'il y avait une véritable opportunité. Elle a rapidement créé cinq autres templates : un planificateur de repas hebdomadaire, un planning de nettoyage de maison, un tracker d'objectifs professionnels, un tableur de budget et un journal de routine matinale. Chacun conçu dans Canva ou

Google Sheets. ChatGPT l'a aidée pour les prompts, la structure et les descriptions.

À la fin de la semaine, elle avait une petite gamme de produits — et quatre ventes supplémentaires.

Encouragée, elle a créé des épingles Pinterest menant vers sa boutique, de courtes vidéos Instagram montrant comment utiliser ses templates, et une offre e-mail proposant un « Mini tracker de routine matinale » gratuit en échange d'une inscription. Petit à petit, elle a construit une audience. En un mois, elle avait vendu 58 templates et gagné plus de 400 dollars.

Mais quelque chose d'encore mieux s'est produit — des clients ont commencé à lui demander de personnaliser les templates pour leur marque. Sienna a alors commencé à proposer des versions premium pour les petites entreprises. Un client lui a payé 150 dollars pour créer un kit de planification d'objectifs personnalisé pour son équipe.

Elle ne vendait plus simplement des fichiers — elle construisait un système. Elle a créé un bundle appelé « Work Smarter Bundle », combinant ses cinq meilleurs templates en un seul produit vendu 25 dollars. Il est rapidement devenu son produit le plus populaire.

La partie préférée de Sienna ? Pas de réunions. Pas d'échéances stressantes. Pas d'horaires stricts.

Elle travaillait le soir avec une tasse de thé, de la musique en fond, créant des actifs numériques qui continuaient de se vendre longtemps après qu'elle ait fermé son ordinateur. Cela semblait magique — mais c'était simplement du bon design, du contenu utile et la puissance de l'IA.

Aujourd'hui, avec plus de 20 templates dans sa boutique et des dizaines d'avis cinq étoiles, Sienna gagne entre 800 et 1 200 dollars par mois — et ce chiffre continue d'augmenter. Son activité freelance autrefois épuisante est désormais équilibrée par un revenu passif stable.

Elle dit souvent à ses amis : « Si vous avez créé une checklist ou un tableur plus d'une fois — vous avez déjà créé quelque chose que les gens paieront. Emballez-le, améliorez-le et publiez-le. »

Et c'est exactement ce qu'elle a fait. Un template à la fois.

Chapitre 10 : L'écosystème de revenus avec l'IA — Empiler, développer et systématiser

À présent, vous avez exploré neuf façons différentes de gagner de l'argent en ligne grâce à l'intelligence artificielle — chacune étant puissante à elle seule. Mais la véritable transformation se produit lorsque vous les combinez dans un système. C'est ce que nous appelons l'écosystème de revenus avec l'IA — une stratégie dans laquelle vos compétences, vos outils, votre contenu et vos plateformes se nourrissent mutuellement pour créer des revenus cumulés, une croissance évolutive et une liberté durable.

Commençons par la base. La chose la plus importante à comprendre est que l'IA n'est pas seulement un raccourci — c'est un partenaire d'affaires. Elle vous aide à réduire le temps de création, à améliorer la qualité et à éliminer les blocages. Au lieu de tout faire manuellement, vous travaillez de manière plus intelligente. Cela signifie que vous ne vous contentez pas de faire du freelance. Vous ne vous contentez pas de vendre un cours. Vous construisez un écosystème qui relie toutes ces pièces.

Voici comment cela fonctionne.

Commencez par une compétence principale que vous aimez ou que vous utilisez déjà. Disons qu'il s'agit de la création de contenu. Vous pourriez commencer par proposer des services de rédaction freelance en utilisant ChatGPT. Vous construisez un portfolio, obtenez des avis et générez vos premiers revenus.

Ensuite, vous utilisez ces mêmes compétences en IA pour créer des produits numériques comme des ebooks, des checklists ou des templates. Ceux-ci peuvent être vendus sur Gumroad, Etsy ou KDP et commencer à générer des revenus passifs.

Puis vous transformez ces systèmes en mini-cours, en enseignant aux autres comment vous avez procédé — en utilisant l'IA pour écrire les scripts, créer la narration et publier le contenu. Cela devient une nouvelle source de revenus, désormais automatisée.

Vous prenez ensuite ce cours et le découpez en YouTube Shorts à l'aide d'Opus Clip. Chaque vidéo courte inclut un lien vers votre cours, votre ebook ou un produit d'affiliation. Vous générez ainsi du trafic et des commissions grâce à du contenu gratuit — sans jamais apparaître à la caméra.

Maintenant, vos templates, ebooks, services et vidéos se soutiennent mutuellement. Vous ajoutez un lead magnet simple — comme un kit gratuit d'outils IA — et vous commencez à construire une liste e-mail. Chaque fois que vous lancez quelque chose de nouveau, votre audience est déjà prête. Voilà l'écosystème.

Voici un exemple concret.

Créez un ebook avec ChatGPT : « 50 outils d'IA pour les petites entreprises ».
Transformez-le en livre audio avec ElevenLabs.
Proposez un bundle de templates de workflows IA correspondant au livre.
Regroupez le tout dans un cours intitulé « IA pour les solopreneurs ».
Utilisez Pictory ou InVideo pour créer des vidéos YouTube et des Reels qui présentent chaque élément.
Ajoutez des liens d'affiliation vers les outils recommandés dans votre contenu.
Développez votre liste e-mail en offrant gratuitement le premier chapitre ou des templates bonus.
Lancez une boutique Gumroad ou une newsletter qui apporte de la valeur chaque semaine avec des offres premium.

Chaque élément soutient les autres. Vous ne repartez pas de zéro à chaque fois. Vous empilez vos sources de revenus.

L'étape suivante est la mise à l'échelle. Une fois que vous avez validé ce qui fonctionne — concentrez-vous dessus. Faites la promotion de votre produit le plus vendu avec un petit budget publicitaire. Réutilisez votre contenu. Ajoutez des versions améliorées. Donnez des licences pour vos templates à d'autres créateurs. Embauchez un assistant virtuel pour vous aider avec la prospection ou le service client.

Enfin, systématisez. Utilisez Notion ou Trello pour créer des workflows reproductibles. Établissez des calendriers de contenu. Utilisez ChatGPT pour rédiger des réponses, Canva pour réutiliser vos kits de marque et Zapier pour automatiser la livraison. Plus vous systématisez, moins votre croissance demande d'énergie — et plus vous gagnez du temps.

La beauté de l'écosystème de revenus avec l'IA est que vous pouvez commencer petit et évoluer intelligemment. Vous n'avez pas besoin de devenir viral. Vous n'avez pas besoin d'être partout en même temps. Vous avez besoin d'une offre, d'une audience et d'un système qui s'améliore au fil du temps.

Récapitulons :

Utilisez l'IA pour réduire les frictions, pas pour remplacer votre valeur.
Empilez services, produits, contenu et plateformes.
Automatisez et réutilisez tout ce que vous pouvez.
Privilégiez la constance plutôt que la perfection.
Traitez votre activité secondaire comme une véritable entreprise dès le premier jour.

Dans la dernière histoire, vous allez découvrir quelqu'un qui a fait exactement cela — en partant de zéro, en combinant plusieurs sources de revenus basées sur l'IA et en construisant une vie selon ses propres règles.

Mais avant de partir, retenez ceci : vous n'avez pas besoin d'être le plus talentueux. Vous devez simplement être prêt à essayer, apprendre et construire. L'IA ne peut pas tout faire à votre place — mais elle peut supprimer toutes les excuses.

Le futur n'arrive pas.

Vous êtes en train de le construire.

L'empire numérique de Manny, construit à partir de rien.

Manny vivait à Atlanta, en Géorgie. Il venait d'avoir 30 ans et travaillait comme responsable de nuit dans un entrepôt. Le salaire était stable, mais le travail était épuisant — et pire encore, il avait l'impression que chaque journée se répétait. Il avait toujours voulu construire quelque chose à lui, mais créer une entreprise semblait coûteux, complexe et rempli de risques qu'il ne pouvait pas se permettre.

Une nuit pendant une pause, en parcourant Reddit, il est tombé sur un message intitulé : « Vous n'avez pas besoin de produit, de site web ni d'expérience — juste d'un chatbot et de 10 heures par semaine. » Intrigué, il a commencé à lire.

Le message expliquait comment utiliser des outils d'IA comme ChatGPT, Canva et ElevenLabs pour créer et vendre des produits numériques, proposer des services freelance et produire du contenu en ligne — même en partant de zéro.

Manny ne connaissait pas grand-chose à l'IA, mais il savait chercher sur Google. Cette même nuit, il a demandé à ChatGPT : « Comment puis-je gagner de l'argent en ligne si je n'ai aucune compétence ? » La réponse l'a surpris. Le chatbot lui a proposé cinq stratégies — toutes réalisables avec des outils gratuits.

Il a décidé à ce moment-là de construire son propre écosystème numérique, une pièce à la fois.

Il a commencé modestement. Il a proposé des services de rédaction de CV sur Fiverr, utilisant ChatGPT pour rédiger et formater des CV et lettres de motivation pour 25 dollars. Lors de son premier mois, il a gagné 270 dollars. Ce n'était pas énorme — mais c'était la preuve que cela fonctionnait.

Ensuite, il a utilisé ces compétences pour créer un ebook : « Comment décrocher un emploi à distance sans diplôme ». Il a utilisé ChatGPT pour le contenu, Canva pour la couverture et l'a publié sur Gumroad. Après quelques publications sur Reddit, il a vendu 17 exemplaires.

Puis il a transformé cet ebook en livre audio grâce à ElevenLabs et l'a proposé sous forme de bundle pour 14,99 dollars. Il a ajouté des liens d'affiliation pour des outils comme Grammarly, Notion et des sites d'offres d'emploi – gagnant des commissions à chaque inscription.

Lorsque l'intérêt a commencé à grandir, Manny a créé un mini-cours montrant comment il avait créé son gig Fiverr et son ebook. Il a utilisé des enregistrements d'écran et des voix générées par IA pour narrer chaque leçon. Il l'a vendu 47 dollars et a inclus des templates, des fiches pratiques et une copie de son ebook en bonus.

Puis est venu YouTube.

Il a utilisé ChatGPT pour écrire des scripts de vidéos courtes sur la productivité, la liberté financière et les outils d'IA. Il a utilisé Pictory pour créer les vidéos, ElevenLabs pour la narration et Opus Clip pour transformer chaque vidéo longue en trois à cinq Shorts. Chaque vidéo incluait des liens vers son ebook, son service Fiverr ou son cours.

Tout a commencé à se connecter. Ses services apportaient des clients. Son ebook apportait des lecteurs. Son cours apportait des étudiants. Ses vidéos apportaient du trafic. Ses templates apportaient du revenu passif. Ses liens d'affiliation apportaient des commissions. Chaque élément amplifiait les autres.

Au sixième mois, Manny gagnait plus de 3 000 dollars par mois — plus que son salaire à l'entrepôt. Mais surtout, il était libre. Libre de travailler selon ses règles. Libre de passer du temps avec sa famille. Libre de construire au lieu de simplement survivre.

Il a finalement quitté son travail de nuit, embauché un assistant virtuel aux Philippines pour gérer les e-mails clients et commencé à construire une liste e-mail privée de fans, clients et créateurs qui suivaient son parcours. Sa marque, Quiet Hustle Academy, proposait désormais des ebooks, des cours, une chaîne YouTube, une boutique Gumroad et des partenariats d'affiliation — le tout géré par un seul homme et quelques outils d'IA.

Manny n'a rien fait de spectaculaire. Il n'avait pas des millions d'abonnés. Il n'a pas créé une application ni fait le buzz. Il a simplement continué à construire des pièces et à les connecter.

Son écosystème n'était pas parfait — mais il fonctionnait. Et il grandissait.

Lorsque ses amis lui demandent comment il a fait, il sourit et dit toujours : « Je n'ai pas commencé avec de la confiance. J'ai commencé avec de la curiosité. L'IA a fait le reste. »

Et c'est la vérité.

Manny a construit un empire numérique en empilant les briques une par une — et en laissant l'IA servir de colle.

Maintenant, c'est votre tour.

Vous êtes plus proche que vous ne le pensez.

Si vous êtes arrivé jusqu'ici, félicitations. Vous venez de terminer quelque chose que la plupart des gens ne commencent même jamais : une exploration approfondie d'opportunités réelles, accessibles et globales de revenus grâce à l'IA. Mais surtout, vous avez pris le temps de vous éduquer — et dans un monde rempli de distractions, cela vous distingue déjà.

Vous savez désormais ce qui est possible. Vous avez vu comment des personnes du monde entier — avec peu de temps, aucune expérience technique et aucun capital de départ — utilisent des outils gratuits et abordables pour transformer leur situation financière. Vous avez appris que l'IA n'est pas quelque chose à craindre. C'est un multiplicateur de puissance. Un partenaire. Un outil qui supprime les barrières qui empêchaient autrefois l'entrepreneuriat.

Plus important encore, vous vous êtes peut-être reconnu dans ces histoires. Que ce soit James à Nairobi, Maria à Medellín ou Priya à Mumbai — vous avez vu que ce n'est pas du battage médiatique. Cela se produit réellement.

Et si cela peut fonctionner pour eux, cela peut fonctionner pour vous.

Que faire maintenant ?

C'est le moment où la plupart des gens s'arrêtent. Ils terminent un livre ou un cours, se sentent inspirés... puis attendent. Ils réfléchissent trop. Ils doutent. Ils hésitent.

Ne soyez pas comme la majorité.

Commencez par une seule activité secondaire. Une seule. Lancez votre premier service freelance, créez votre première boutique de templates, publiez votre premier ebook ou votre première vidéo générée par IA. Ce ne sera pas parfait — mais ce sera réel. Et le réel donne des résultats. Le réel crée de l'élan.

La beauté de l'écosystème de revenus avec l'IA est qu'il récompense l'action plutôt que la perfection. Chaque vidéo que vous publiez, chaque produit que vous mettez en ligne, chaque service que vous proposez — tout s'accumule.

Vous n'êtes pas simplement en train de suivre une tendance. Vous faites partie d'une transformation.

La prochaine étape n'est pas de relire ce livre.

La prochaine étape est d'ouvrir votre ordinateur et de commencer.

Vous avez déjà les outils.
Vous avez maintenant la feuille de route.

Ce que vous ferez ensuite déterminera si cela reste simplement une idée... ou si cela change votre vie.

Et si vous vous sentez dépassé, c'est normal. Il ne s'agit pas d'aller vite. Il s'agit de construire quelque chose de durable. Même si vous ne consacrez qu'une heure par jour, trois jours par semaine — c'est suffisant pour créer un revenu, de la stabilité et une nouvelle identité dans les prochains mois.

Souvenez-vous : personne n'est né en sachant faire cela. Les gens l'ont appris en commençant.

Vous aussi.

La conclusion finale ?

Vous n'avez pas besoin de plus de temps.

Vous avez simplement besoin de moins d'hésitation.

www.ingramcontent.com/pod-product-compliance
Lightning Source LLC
LaVergne TN
LVHW010832051026
849532LV00007B/2678